萬法歸心

惟明法師開示語錄 3

闡教篇

教而明佛，則成道已來，
無量無邊阿僧祇劫，不生不滅，常住凝然，
量等虛空，形同實際。
萬德齊修、二諦並習，利他損己，無悔吝心。

惟明法師——著

目錄

圖版……鍾周鵬居士輯錄

一　佛說大安般守意經序

三國・康僧會

夫、安般〔註一〕者，諸佛之大乘，以濟衆生之漂流也！

其事有六〔註二〕，以治六情。情有內外：眼、耳、鼻、口、身、心，謂之內矣；色、聲、香、味、細滑、邪念，謂之外也。《經》曰：「諸海十二事。」謂內、外六情之受邪行，猶海受流，餓夫夢飯，蓋無滿足也！心之溢盪，無微不浹，怳惚髣髴，出入無間、視之無形、聽之無聲、逆之無前、尋之無後，深微細妙，形無絲髮，梵聲、仙聖所不能照明。默種于此，化生乎彼，非凡所睹，謂之陰也！猶以晦曀，種夫粢（音咨，通穀）、芥，闓（音凱，開也）手覆種，孳有萬億，旁人不睹其形，種家不知其數也。一朽乎下，萬生乎上；彈指之間，心九百六十轉，一日一夕十三億意。

意有一身，心不自知，猶彼種夫也！是以行寂，繫意著息，數一至十，十數不誤，意定在之，小定三日，大定七日，寂無他念，泊然若死，謂之一禪。禪，棄也，棄十三億穢念之意。

已獲數定，轉念著隨，蠲除其八，正有二意，意定在隨，由在數矣。垢濁消滅，心稍清淨，謂之二禪也。

又除其一，注意鼻頭，謂之止也！得止之行，三毒、四走、五陰、六冥，諸穢滅矣！昭然心明，踰明月珠。淫邪污心，猶鏡處泥，穢垢污焉，偃以照天，覆以臨土，聰叡聖達，萬土臨照，雖有天地之大，靡一夫而能睹！所以然者，由其垢濁，衆垢污心，有踰彼鏡矣！若得良師剗刮瑩磨，薄塵微曀，蕩使無餘，舉之以照，毛、髮、面、理，無微不察。垢退明存，使其然矣。情溢意散，念萬不識一矣；猶若於市，馳心放聽，廣採衆音，退宴存思，不識一夫之言：心逸意散，濁翳其聰也！若自閑處，心思寂寞，志無邪欲，側耳靖聽，萬句不失，片言斯著：心靖意清之所由也！行寂止意，懸之鼻頭，謂之三禪也。

還觀其身，自頭至足，反覆微察，內體污露，森楚毛豎，猶睹膿涕，於斯具照。天地人物，其盛若衰，無存不亡，信佛三寶，衆冥皆明。謂之四禪也。

攝心還念，諸陰皆滅，謂之還也。

穢欲寂盡，其心無想，謂之淨也。

得安般行者，厥心即明，舉眼所觀，無幽不睹。往無數劫方來之事、人物所更，現在諸剎、其中所有世尊法化、弟子誦習，無遐不見，無聲不聞。怳惚髣髴，存亡自由。大彌八極、細貫毛氂、制天地、住壽命、猛神德、壞天兵、動三千、移諸剎，八不思議，非梵所測，神德無限，六行之由也！

世尊初欲說是經時，大千震動，人天易色，三日安般，無能質者！於是世尊化爲兩身，一曰何等，一尊主，演于斯義出矣；大士、上人、六雙、十二輩，靡不執行。

有菩薩名安清，字世高，安息王嫡后之子。讓國與叔，馳避本土，翔而後進，遂處京師。其爲人也，博學多識，貫綜神模，七正盈縮，風氣吉凶，山崩地動，鍼脈諸術，睹色知病，鳥獸鳴啼，無音不照。懷二儀之弘仁，愍黎庶之頑闇，先挑其耳，卻啓其目，欲之視明聽聰也；徐乃陳演正真之六度，譯安般之祕奧，學者塵興，靡不去穢濁之操，就清白之德者也！

余生末蹤，始能負薪，考妣殂落，三師凋喪，仰瞻雲日，悲無質受，睠言顧之，潸然出涕！宿祚未沒，會見南陽韓林、穎川皮業、會稽陳慧。此三賢者，信道篤密，執道弘正，烝烝進進，志道不倦。余之從請問，規同矩合，義無乖異。陳慧注義，余助斟酌，非師所傳，不敢自由也。

言多鄙拙，不究佛意，明哲衆賢，願共臨察。義有疣腨（腨者，脛之一端：舉腨不該脛也），加聖刪定，共顯神融矣。

〔註一〕安般：梵語具云安那般那，華言遣來遣去，即出入息也！謂攝心靜慮，數出入息，覺知長短，則能除諸妄想。

〔註二〕六妙門：數、隨、止、觀、還、淨。前三是定，後三是慧。

佛說菩薩藏經（寫於西元三九七年）

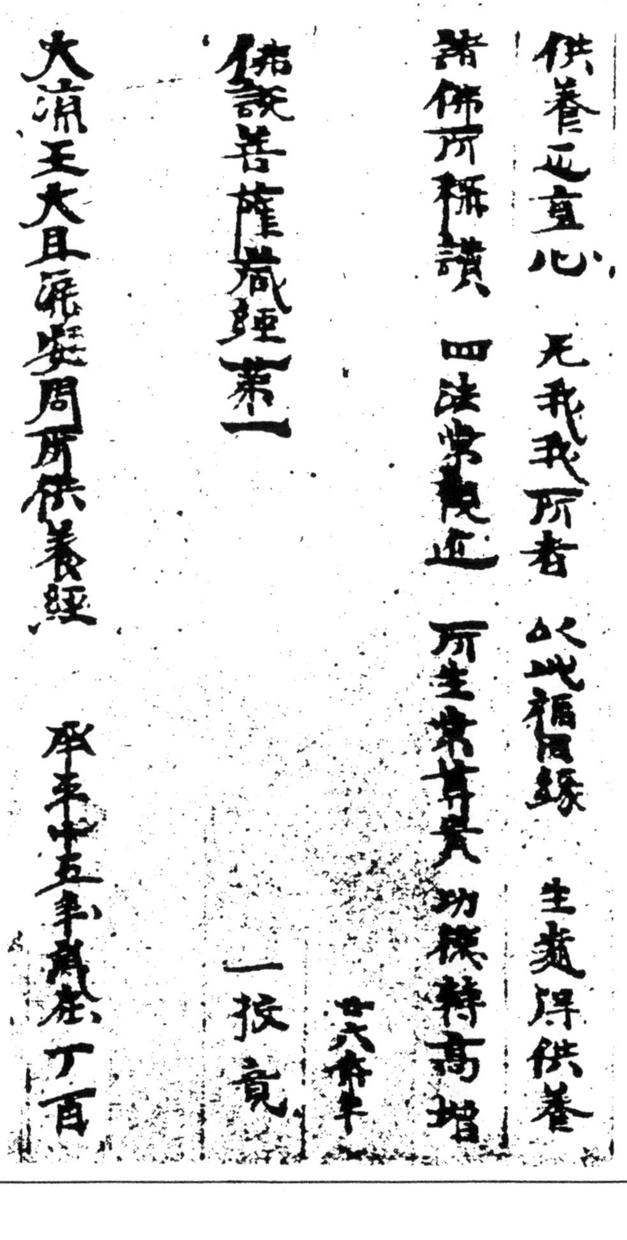

供養正直心　无我我所者　以此福因緣　生處得供養

諸佛所稱讚　四法常親近　所生常青實　功德特高增

廿六行半

佛說菩薩藏經第一　一校竟

大涼王大且渠安周所供養經

承平十五年歲在丁酉

行波羅蜜波羅蜜時思惟
法生者滅者皆有因
行波羅蜜波羅蜜時不
佛境界无有所因法見

道行般若經（約西元三〇〇年）

二　奉法要

東晉・郗超

三自歸者，歸佛、歸十二部經、歸比丘僧。過去、現在、當來三世十方佛，三世十方經法，三世十方僧。每禮拜懺悔，皆當至心歸命，并慈念一切衆生，願令悉得度脫。外國音稱南無，漢曰歸命。佛者漢音曰覺；僧者漢音曰衆。

五戒：一者不殺，不得教人殺，常當堅持，盡形壽。二者不盜，不得教人盜，常當堅持，盡形壽。三者不淫，不得教人淫，常當堅持，盡形壽。四者不欺，不得教人欺，常當堅持，盡形壽。五者不飲酒，不得以酒爲惠施，常當堅持，盡形壽。若以酒爲藥，當權其輕重，要於不可致醉。醉有三十六失，經教以爲深誡。不殺則長壽，不盜則長泰，不淫則清淨，不欺則人常敬信，不醉則神理明治。

已行五戒，便修歲三、月六齋。歲三齋者，正月一日至十五日，五月一日至十五日，九月一日至十五日。月六齋者，月八日、十四日、十五日、二十三日、二十九日、三十日。凡齋日，皆當魚肉不御，迎中而食，既中之後，甘香美味，一不得嘗。洗心念道，歸命三尊，悔過自責，行四等心。遠離房室，不著六欲，不得鞭撻、罵詈、乘駕牛馬、帶持兵仗。婦人則兼去香花、脂粉之飾，端心正意，務存柔順。齋者，普為先亡、現在知識親屬，并及一切衆生，皆當因此，至誠各相發心。心既感發，則終免罪苦。是以忠孝之士，務加勉勵，良以兼拯之功，非徒在己故也。齋日唯得專惟玄觀，講頌法言。若不能行空（思惟空理），當習六思念。

六思念者，念佛、念經、念僧、念施、念戒、念天。何謂念天？十善、四等為應天行。又要當稱力所及，勉濟衆生。十善者，身不犯殺、盜、淫；意不嫉、恚、痴；口不妄言、綺語、兩舌、惡口。何謂不殺？常當矜愍一切蠕動之類，雖在困急，終不害彼。凡衆生厄難，皆當盡心營救，隨其水陸，各令得所。疑有為己殺者，皆不當受。何謂為盜？凡取非己有，不問小大，及涖官不清，皆謂之盜。何謂為淫？一切諸著，普謂之淫，施之色欲非正匹偶，皆不得犯。又私竊不公，亦兼盜罪。所謂嫉者，謂妬忌也，見人之善，見人有得，皆當代之歡喜，不得有爭競、憎嫉之心。所謂恚者，心懷忿恨，藏結於內。所謂癡者，不信大法，疑昧經道。何謂妄言？以無為有，虛造無端。何謂綺語？文飾巧言，華而不實。何謂兩舌？背向異辭，對此說彼。何謂惡口？謂罵詈也；或云口說不善之事，令人承以為罪，亦為惡口。凡此十事，皆不得暫起心念。是爲十善。亦謂十戒。五戒檢形，十善防心。事有疏密，故報有輕重。

凡在有方之境，總謂三界。三界之內，凡有五道：一曰天，二曰人，三曰畜生，四曰餓鬼，五曰地獄。全五戒，則人相備；具十善，則生天堂。全一戒者，則亦得爲人。人有高卑，或壽夭不同，皆由戒有多少。反十善者，謂之十惡。十惡畢犯，則入地獄。抵揬强梁，不受忠諫，及毒心內盛，殉私欺殆，則或墮畜生，或生蛇虺。慳貪專利，常苦不足，則墮餓鬼。其罪若轉少而多陰私，情不公亮，皆墮鬼神，雖受微福，不免苦痛。此謂三途。亦謂三惡道。

色、痛癢（受）、思想（想）、生死（行）、識，謂之五陰。凡一物外有形可見者爲色；失之則憂惱爲痛，得則歡喜爲癢；未至逆念爲思，過去追憶爲想；心念始起爲生，想過意識滅爲死；曾關於心、戢而不忘爲識。識者經歷累劫，猶萌之於懷，雖昧其所由而滯於根，潛結始自毫釐，終成淵岳。是以學者務慎所習。

五蓋：一曰貪淫，二曰嗔恚，三曰愚癡，四曰邪見，五曰調戲。別而言之，求欲爲貪；耽著爲淫；外發爲嗔；內結爲恚；繫於縛著、觸理倒惑爲愚癡。生死因緣癡爲本，一切諸著皆始於癡；地獄苦酷多由於恚。《經》云：「卒鬥殺人，其罪尚輕，懷毒陰謀，則累劫彌結，無解脫之期。」

六情：一名六衰，亦曰六欲。謂目受色、耳受聲、鼻受香、舌受味、身受細滑、心受識。識者，即上所謂識陰者也。五受、六欲，蓋生死之原本，罪苦之所由。消御之方，具載衆經。《經》云：「心作天、心作人、心作地獄、心作畜生；乃至得道者亦心也。」凡慮發乎心，皆念念受報，雖事未及形，而幽對冥構。夫情念最速，倏忽無間，機動毫端，遂充宇宙，罪、福、形、道，靡不由之，吉、凶、悔、吝，定於俄傾。是以行道之人，必慎獨。……

《十二門經》云：「有時自計，我端正好。便當自念，身中無所有，但有肝、腸、胃、肺、骨、血、屎、溺，有何等好？復觀他人身中，惡露皆如是。」若慳貪意起，當念財物、珍寶，生不持來，死不俱去，而流遷變化，朝夕難保，身不久存，物無常主，宜及當年施恩、行惠，贍乏以財，救疾以藥，終日欣欣，務存營濟。若嗔恚意起，當深生平等，兼護十戒。《差摩竭》云：「菩薩所行，忍辱爲大！」若罵詈者，嘿而不報；若撾捶者，受而不校；若嗔怒者，慈心向之；若謗毀者，不念其惡，苟能每事思忍，則悔吝消於現世，福報顯於將來。

《賢者德經》云：「心所不安，未常加物。」即近而言，則忠恕之道；推而極之，四等之義。四等者何？慈、悲、喜、護也！何謂爲慈？愍傷衆生，等一物我，推己恕彼，願令普安，愛及昆蟲，情無同異。何謂爲悲？博愛兼拯，雨淚惻心，要令實功潛著，不直有心而已。何謂爲喜？歡悅歆施而無悔。何謂爲愛護？隨其方便，觸類善救，津梁會通，務存弘濟。

能行四等，三界極尊，但未能冥心無兆，則有數必終。是以《本起經》云：「諸天雖樂，福盡亦喪。」貴極，而天道與地獄對門。《成具》又云：「福者有苦、有盡、有煩勞、有往還。」《泥洹經》曰：「五道無安，唯無爲快。」經稱行道者，先當捨世八事：利、衰、毀、譽、稱、譏、苦、樂。聞善不喜，聞惡不懼。信心天固，沮勸無以動其志；埋根於中，外物不能干其慮。且當年所遇，必由宿緣，宿緣玄運，信同四時，其來不可禦，其去不能止，固當順而安之，悅而畢之。勤增道習，期諸忘心，形報既廢，乃獲大安耳……

四非常：一曰無常，二曰苦，三曰空，四曰非身。少長殊形，陵谷易處，謂之無常。盛衰相襲，欣極必悲，謂之爲苦。一切萬有，終歸於無，謂之爲空。神無常宅，遷化靡停，謂之非身。夫無常顯證，日陳於前，而萬代同歸，終莫之悟，無瞬息之安，保永世之計。是以有道之士，指寸陰而惜逝，恆自强於鞭後。業興時競，惟日不足。則亂念無因而生，緣對靡由而起。

六度：一曰施，二曰戒，三曰忍辱，四曰精進，五曰一心，六曰智慧。積而能散，潤濟衆生，施也。謹守十善，閑邪以誠，誠也。犯而不校，常善下已，忍辱也。懃行所習，夙夜匪懈，精進也。專心守意，以約斂衆，一心也。凡此五事，行以有心，謂之俗度。領以兼忘，謂之道慧。

《本起經》云：「九十六種道術，各信所事，皆樂安生，孰知其惑！」夫、欣得惡失，樂存哀亡，蓋弱喪之常滯，有生所感同！然，冥力潛謝，非務戀所留，對至而應，豈智用所制！是以學者，必歸心化本，領觀玄宗。玩之、珍之，則衆念自廢。廢則有忘，有忘則緣絕。緣報既絕，然後入於無生。既不受生，故能不死。是以《普耀經》云：「無所從生，靡所不生，於諸所生，而無所生。」《泥洹經》云：「心識靜休，則不死不生。」心爲種本，行爲其地，報於結實。猶如種殖，各以其類，時至而生，不可遏也！種十惡、戒善，則受生之報，具於上章。加種禪等四空，則貴極天道；四空及禪數，經具載其義。從第一天，至二十八天，隨其事行，福轉倍增。種非常禪諦，背有著無，則得羅漢泥洹。不忌有爲，不係空觀，遇理而冥，無執無寄，爲無所種。既無所種，故不受報；廓然玄廢，則佛之泥洹（通譯涅槃）。

泥洹者，漢曰無爲，亦曰滅度。《維摩詰》曰：「彼六師者，說倚爲道。」從是師者，爲住諸見，爲墮邊際，爲歸八難，不得離生死道也！雖玄心屢習，而介然微動，猶均彼六師，同滯一有，況貪生倚想，報我捍化！雖復福踰山河，貴極三界，倚伏旋還，終墜罪苦。豈獲寧神大造，泊然玄夷哉！

夫、生必有情，天勢率至，不定於善，必在於惡。是以始行道者，要必有寄；寄之所因，必因乎有；有之所資，必資乎煩。是以《經》云：「欲於空中造立宮室，終不能成；取佛國者，非於空也。」然則五度、四等，未始可廢，但當即其事用，而去其忮心。歸於佛則無解於佛，歸於戒則無功於戒——則禪諦與五陰俱冥，未用與本觀同盡。雖復衆行兼陳，固是空中行空耳。或以爲空則無行，行則非空：既已有所，無乃失空乎！

夫、空者忘懷之稱，非府宅之謂也！無誠無矣，存無則滯封；有誠有矣，兩忘則玄解！然則，有無由乎方寸，而無係於外物；器象雖陳於事用，感絕則理冥。豈滅有而後無，階損以至盡哉！

由此言之，有固非滯，滯有則背宗；反流歸根，任本則自暢！是以開士深行，統以一貫；達萬象之常冥，乘所寓而玄領。知來理之先空，恆得之於同致；悟四色之無映，順本際而偕廢。審衆觀之自然，故雖行而靡跡。《方等深經》每泯一三世，而未嘗謂現在爲有，則空中行空，旨斯見矣。

三　長阿含經序

姚秦・僧肇

夫、宗極絕於稱謂，賢聖以之沖默；玄旨非言不傳，釋迦所以致教。是以如來出世，大教有三：約身、口則防之以禁律；明善惡則導之以契經；演幽微則辨之以法相。然則三藏之作也，本於殊應，會之有宗，則異途同趣矣！禁律、律藏也，四分十誦。法相、阿毗曇藏也，四分五誦。契經、四阿含藏也：《增一阿含》四分八誦，《中阿含》四分五誦，《雜阿含》四分十誦，此《長阿含》四分四誦，合三十經以爲一部。

阿含，秦言法歸。法歸者，蓋是萬善之淵府，總持之林苑。其爲典也，淵博弘富，韞而彌廣。明宣禍福賢愚之迹，剖判真僞異齊之原。歷記古今成敗之數，墟域二儀品物之倫。道無不由，法無不在。譬彼巨海，百川所歸。故以法歸爲名。開析修途，所記長遠，故以長爲目。翫茲典者，長迷頓曉；邪正難辨，顯如晝夜；報應冥昧，照若影響；劫數雖遼，近猶朝夕；六合雖曠，現若目前。斯可謂朗大明於幽室，惠五目於衆瞽，不窺戶牖，而智無不周矣。

大秦天王，滌除玄覽，高韻獨邁，恬、智交養，道、世俱濟。每懼微言，翳於殊俗！以右將軍使者司隸校尉晉公姚爽，質直清柔，玄心超詣，尊尚大法，妙悟自然，上特留懷，每任以法事。以弘始十二年歲次上章閹茂，請罽賓三藏沙門佛陀耶舍，出律藏一分四十五卷，十四年訖。十五年歲次昭陽赤奮若，出此《長阿含》訖。涼州沙門佛念爲譯，秦國道士道含筆受。時集京夏名勝沙門，於第校定。恭承法言，敬受無差。捐華崇朴，務存聖旨。余以嘉遇，猥參聽次，雖無翼善之功，而預親承之末，故略記時事，以示來賢焉。

四　金剛般若波羅蜜經註（題解）

姚秦・僧肇

夫理歸中道，二諦爲宗。

何者？萬法之生，皆假因緣，而有生滅流謝，浮僞不實，稱之爲俗也。因緣諸法皆無自性，自性既無，因緣都忘，本自不生，今則無滅，體極無改，目之爲真。真、俗爲二，理審爲諦，聖心正觀，鑒真、照俗，此當中道。法相之解，稱爲般若。

般若，慧也；金剛者，堅利之譬也。堅則物莫能沮，利故無物不摧。以況斯慧，邪惡不能毀，堅之極也；本惑皆破，利之義也。波羅蜜者，到彼岸也。生死爲此，涅槃爲彼；大士乘無相慧，捨此生死，到彼涅槃矣。經、由津，通義也！言由理生，理經言顯，學者神悟，從理教而通矣。

五　中論序

姚秦・僧叡

《中論》有五百偈，龍樹菩薩之所造也。以中爲名者，照其實也；以論爲稱者，盡其言也。實非名不悟，故寄中以宣之；言非釋不盡，故假論以明之。其實既宣，其言既明，於菩薩之行，道場之照，朗然懸解矣。

夫滯惑生於倒見，三界以之而淪溺；偏悟起於厭智，耿介以之而致乖。故知大覺在乎曠照，小智纏乎隘心。照之不曠，則不足以夷有無、一道俗；知之不盡，則未可以涉中途、泯二際。

道俗之不夷，二際之不泯，菩薩憂之也！是以龍樹大士，折之以中道，使惑趣之徒，望玄指而一變；括之以即化，令玄悟之賓，喪諮詢於朝徹。蕩蕩焉！真可謂：坦夷路於沖階，敞玄門於宇內，扇慧風於陳枚（陳枚者，舊枝也），流甘露於枯悴矣。

夫柏樑之構興，則鄙茅茨之仄陋，睹斯論之宏曠，則知偏悟之鄙倍。幸哉！此區之赤縣，忽得移靈鷲以作鎮；險陂之邊情，乃蒙流光之餘惠。而今而後，談道之賢，始可與論實矣。

云天竺諸國，敢預學者之流，無不翫味斯論，以爲喉衿。其染翰申釋者，甚亦不少！今所出者，是天竺梵志名賓伽羅，秦言青目，之所釋也。其人雖信解深法，而辭不雅中；其中乖闕煩重者，法師皆裁而裨之。於通經之理盡矣，文或左右未盡善也。

《百論》治外以閑邪，斯文祛内以流滯，《大智釋論》之淵博，《十二門觀》之精詣，尋斯四者，真若日月入懷，無不朗然鑒徹矣！予翫之、味之，不能釋手，遂復忘其鄙拙，託悟懷於一序，并目品義，題之於首。豈期能釋耶？蓋是欣自同之懷耳。

六 無量義經序

蕭齊・劉虬

《無量義經》者，取其無相一法，廣生衆教；含義不貲，故曰無量。夫、三界羣生，隨業而轉；一極正覺，任機而通。流轉起滅者，必在苦而希樂；此叩聖之感也。順通示現者，亦施悲而用慈；即救世之應也。根異教殊，其階成七！

先爲波利等説五戒，所謂人、天善根，一也。

次爲拘鄰等轉四諦，所謂授聲聞乘，二也。

次爲中根，演十二因緣，所謂授緣覺乘，三也。

次爲上根，舉六波羅蜜，所謂授以大乘，四也。

衆教宜融，羣疑須導，次説《無量義經》，既稱得道差品，復云未顯真實，使發求實之冥機，用開一極之由緒，五也。

故法華接唱，顯一除三，順彼求實之心，去此施權之名，六也。

雖權開而實現，猶掩常住之正義，在雙樹而臨崖，乃暢我、淨之玄音，七也。過此以往，法門雖多，撮其大歸，數盡於此；亦由（猶）衆聲不出五音之表、百氏並在六家之內。

其《無量義經》，雖法華首戴其目，而中夏未睹其說，每臨講肆，未嘗不廢談而歎，想見斯文！忽有武當山比丘慧表，生自羌胄，僞帝姚略從子，國破之日，爲晉軍何澹之所得。數歲聰黠，澹之字曰螟蛉，養爲假子。俄放出家，便勤苦求道，南北遊尋，不擇夷險。以齊建元三年，復訪奇搜祕，遠至嶺南，於廣州朝廷寺，遇中天竺沙門曇摩伽陀耶舍：手能隸書，口解齊語，欲傳此經，未知所授。表便殷勤致請，心形俱至，淹歷旬朔，僅得一本。仍還嶠北，齎入武當，以今永明三年九月十八日，頂戴出山，見校弘通。奉覿真文，欣敬兼誠，詠歌不足，手舞莫宣！輒虔訪宿解，抽刷庸思，謹立序注云。

七　大般涅槃經義疏序

梁武帝

非言無以寄言，言即無言之累，累言則可以息言，言息則諸見競起。所以如來乘本願以託生，現慈力以應化，離文字以設教，忘心相以通道。欲使珉（石之似玉者）、玉異價，涇、渭分流，制六師而正四倒〔註〕，反八邪（八倒）而歸一味。析世智之角，杜異人之口，導求珠之心，開觀像之目。救燒灼於火宅，拯沈溺於浪海。故法雨降而受榮，慧日升而長夜蒙曉。發迦葉之悱憤，吐真實之誠言。雖復二施等於前，五大陳於後，三十四問，參差異辨，方便勸引，各隨意答。

舉要論經，不出兩途：佛性開其本有之源，涅槃明其歸極之宗。非因非果，不起不作，義高萬善，事絕百非。空空不能測其真際，玄玄不能窮其妙門。自非德均平等，心合無生，金牆玉室，豈易入哉！

有青州沙門釋寶亮者，氣調爽拔，神用俊舉。少負苦節，長安法忍，耆年愈篤，倪齒（齒落更生細者，即老人齒）不衰。流通先覺，孳孳如也，後進晚生，莫不依仰。以天監八年五月八日，勅亮撰《大涅槃義疏》，以九月二十日訖。光表微言，讚揚正道。連環既解，疑網云除。條流明悉，可得略言。朕縱容暇日，將欲覽焉。聊書數行，以爲記云爾。

〔註〕四倒：分有為四顛倒，無為四顛倒。凡夫執世間常、樂、我、淨；二乘未達涅槃係常、樂、我、淨，而認為是滅盡之世界。以上八種妄見，合稱八倒。出《大般涅槃經》。

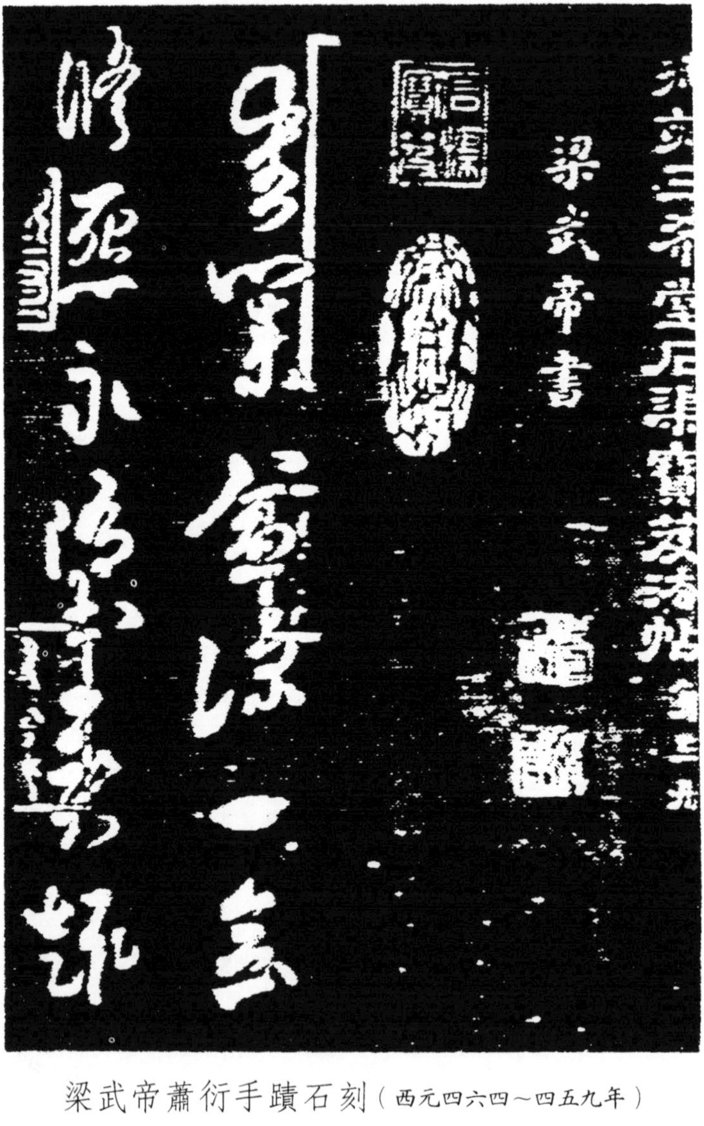

梁武帝蕭衍手蹟石刻（西元四六四～四五九年）

及慶令行不殺脩如此法是名脩第四懺悔
第五懺悔者但當深信因果信一實道知佛
不滅是名脩第五懺悔佛告阿難於未來世
若有脩習如此悔法當知此人著慚愧服諸
佛護助不久當成阿耨多羅三藐三菩提說
是語時十千天子得法眼淨弥勒菩薩等諸
大菩薩及以阿難聞佛所說歡喜奉行

觀普賢經（南朝齊永明元年，西元四八三年）

八　魏書釋老志（節錄）

北齊・魏收

浮圖，或言佛陀，聲相轉也！譯云淨覺，言滅穢成明道，爲聖悟也。凡其經旨，大抵言生生之類，皆因行業而起，有過去、當今、未來，歷三世識神常不滅也。凡爲善惡，必有報應。漸積勝業，陶冶麁鄙，經無數劫，藻練神明，乃致無生而得佛道也。

其間階次、心行，等級非一，皆緣淺以至深，藉微而爲著，率在於積仁順、捐嗜欲、習虛靜，而成通照也。故其始修心則依佛、法、僧，謂之三歸，若君子之三畏也。又有五戒，去殺、盜、淫、妄言、飲酒；大意與仁、義、禮、信、智同。云：「奉持之，則升天、人勝處，虧犯則墜鬼、畜諸苦。」又善惡生處，凡有六道焉。

諸服其道者，則剃落鬚髮，釋累辭家，結師資、遵律度，相與和居，治心修淨行，乞以自給，謂之沙門。或曰桑門，亦聲相近也。其根業各差，謂之三乘：聲聞、緣覺，及以大乘。取其可乘運以至道爲名也。

上根者，修六度、進萬行，拯度億流，彌歷長遠，登覺境而號爲佛也。本號釋迦文，此譯能仁，謂德充道備、堪濟萬物也。降於天竺迦維羅衞國王之子，生於四月八日夜。從母右脅而出。姿相超異者三十二種，天降嘉瑞亦三十二而應之。以二月十五日而入涅槃，此云滅度，或言常、樂、我、淨，明無遷謝及諸苦累也。

又云：「諸佛有二義。一者真實，謂至極之體，妙絕拘累，不得以方處期，不可以形量限，有感斯應，體常湛然。二權應者，謂和光六道，同塵萬類，生滅隨時，修短應物，形由感生，體非實有。權形雖謝，真體不遷，但時無妙感，故莫得常見耳。」斯則明佛生非實生，滅非實滅也。

佛既謝往，香木焚屍，靈骨分碎，大小如粒，擊之不壞，焚亦不燋，而有光明神驗，謂之舍利。弟子收奉，竭香華致敬慕，建宮宇，謂之爲塔。猶宗廟也。故時稱爲塔廟者是矣。……影迹爪齒留於天竺，中途來往者，咸言見之。

初說教法，後皆著錄，綜覈深致，無所漏失。故三藏十二部經，如九流之異。統其大歸，終以三乘爲本。後有羅漢、菩薩，相繼著論，贊明經義，以破外道，皆傍諸藏部大義，假立外問而以內法釋之。傳於中國，漸流廣矣。

漢初沙門，皆衣赤布，後乃易以雜色；至於微言隱義，未之詳究。有沙門常山衞道安，性聰敏，日誦萬餘言，研求幽旨，慨無師匠，獨坐靜室十有二年，覃思搆精，神悟妙賾。以前出經，多有舛駮，乃正其乖謬。爾後沙門傳法，大著中原。

道家之原，出於老子。其自言也，先天地生，以資萬類。上處玉京，爲神王之宗；下在紫微，爲飛仙之主。千變萬化，有德不德，隨感應物，厥迹無常。授軒轅於峨嵋，教帝嚳於牧德，大禹聞長生之訣，尹喜受道德之旨。至於丹書紫字、昇玄飛步之經，玉石金光、妙有靈洞之說，不可勝紀。

其爲教也，咸捐去邪累，澡雪心神，積行樹功，累德增善。乃至白日昇天，長生世上。是以秦皇、漢武，甘心不息，勞心竭事，所在追求，終莫之致，退恨於後。故有欒大、徐氏之誅。

然其道惑人，效學非一，靈帝置華蓋於濯龍，設壇場而爲禮。及張陵受道於鵠鳴，因傳天宮章本千有二百。弟子相授，其事大行。齋祠跪拜，各有成法。於是三元、九府、百二十官，一切諸神，咸所統攝。又稱劫數，頗竊佛經。及其劫終，稱天地俱壞。其書多有禁祕，非其徒不得輒觀。至於化金、銷玉、行符、勑水，奇方妙術，萬等千條：上云羽化飛天，次稱消災滅禍。故好異者往往而尊事之。

九　大乘止觀法門心性頌（出卷四）

陳・南嶽慧思

心性自清淨，諸法唯一心，
此心即眾生，此心菩薩佛。
生死亦是心，涅槃亦是心，
一心而作二，二還無二相。
一心如大海，其性恆一味，
而具種種義，是無窮法藏。（右頌理諦）
是故諸行者，應當一切時，
觀察自身心，知悉由染業，
熏藏心故起。既知如來藏，
依熏作世法，應解眾生體，
悉是如來藏。復念真藏心，

隨熏作世法，若以淨業熏，
藏必作佛果。（右法說）
譬如見金蛇，知是打金作，
即解於蛇體，純是調柔金。
復念金隨匠，得作蛇蟲形，
即知蛇體金，隨匠成佛像。（右喻說）
藏心如真金，具足違順性，
能隨染淨業，顯現凡聖果。（右合結）
以是因緣故，速習無漏業，
熏於清淨心，疾成平等德。
是故於即時，莫輕御自身，
亦勿賤於他，終俱成佛故。（右勸修）

一〇　隋書經籍志・佛經（節錄）

釋迦在世教化四十九年，後於拘尸那城娑羅雙樹間，以二月十五日，入般涅槃。涅槃亦曰泥洹，譯言滅度，亦言常樂我淨。初，釋迦說法，以人之性識、根業各差，故有大乘、小乘之說。至是謝世，弟子大迦葉與阿難等五百人，追共撰述，綴以文字，集載爲十二部。後數百年，有羅漢、菩薩，相繼著論，贊明其義。然佛所說：「我滅度後，正法五百年，像法一千年，末法三千年。」其義如此。

推尋典籍，自漢以上，中國未傳。或云久以流布，遭秦之世，所以堙滅。其後張騫使西域，蓋聞有浮屠之教。哀帝時，博士弟子秦景使伊存口授浮屠經，中土聞之，未之信也。後漢明帝，夜夢金人飛行殿庭，以問於朝，而傅毅以佛對。帝遣郎中蔡愔及秦景，使天竺求之，得佛經四十二章及釋迦立像。并與沙門攝摩騰、竺法蘭東還。愔之來也，以白馬負經，因立白馬寺於洛城雍門西以處之。其經緘于蘭台石室，而又畫像於清涼台及顯節陵上。章帝時，楚王英以崇敬佛法聞。西域沙門，齎佛經而至者甚衆。永平中，法蘭又譯《十住經》。其餘傳譯，多未能通。至桓帝時，有安息國沙門安清，齎經至洛，翻譯最爲通解。靈帝時，有月支沙門支讖，天竺沙門竺佛朔等，並翻佛經。而支讖所譯《泥洹經》二卷，學者以爲大得本旨。漢末，太守竺融，亦崇佛法。

三國時，有西域沙門康僧會，齎佛經至吳譯之，吳主孫權，甚大敬信。魏黃初中，中國人始依佛戒，剃髮爲僧。先是西域沙門來此，譯《小品經》首尾乖舛，未能通解，甘露中，有朱士行者，往西域，至于闐國，得經九十章，晉元康中，至鄴譯之，題曰：《放光般若經》。太始中，有月支沙門竺法護，西遊諸國，大得佛經，至洛翻譯，部數甚多。佛教東流，自此而盛。

石勒時，常山沙門衞道安，性聰敏，誦經日至萬餘言。以胡僧所譯《維摩》、《法華》未盡深旨，精思十年，心了神悟，乃正其乖舛，宣揚解釋。時中國紛擾，四方隔絕，道安乃率門徒，南遊新野，欲令玄宗所在流布，分遣弟子各趨諸方。法性詣揚州，法和入蜀，道安與慧遠之襄陽。後至長安，苻堅甚敬之。道安素聞天竺沙門鳩摩羅什，思通法門，勸堅致之。什亦聞安令問，遙拜致敬。姚萇弘始二年，羅什至長安，時道安卒後已二十載矣，什深慨恨。什之來也，大譯經論，道安所正，與什所譯，義如一，初無乖舛。

初，晉元熙中，新豐沙門智猛，策杖西行，到華氏城，得《泥洹經》及《僧祇律》，東至高昌，譯《泥洹》爲二十卷。後有天竺沙門曇摩羅讖，復齎胡本，來至河西，沮渠蒙遜遣使至高昌取猛本，欲相參驗，未還而蒙遜破滅。姚萇弘始十年，猛本始至長安，譯爲三十卷。曇摩羅讖又譯《金光明》等經。時胡僧至長安者數十輩，惟鳩摩羅什才德最佳，其所譯則《維摩》、《法華》、《成實論》等諸經，及曇無讖所譯《金光明》，曇摩羅讖所譯《泥洹》等經，並爲大乘之學。而什又譯《十誦律》，天竺沙門佛陀耶舍譯《長阿含經》及《四分律》，兜佉勒沙門曇摩難提譯《增一阿含經》，曇摩耶舍譯《阿毗曇論》，並爲小乘之學。其餘經論，不可勝記。自是佛法通極於四海矣。

東晉隆安中，又有罽賓沙門僧伽提婆譯《增一阿含經》及《中阿含經》。義熙中，沙門支法領，從于闐國得華嚴經三萬六千偈，至金陵宣譯。又有沙門法顯，從長安遊天竺，經三十餘國，隨有經、律之處，學其書語，譯而寫之。還至金陵，與天竺禪師跋羅，參共辯定，謂《僧祇律》，學者傳之。

齊、梁及陳，并有外國沙門。然所宣譯，無大名部可爲法門者。梁武大崇佛法，於華林園中，總集釋氏經典，凡五千四百卷。沙門寶唱，撰經目錄。又後魏時，太武帝西征長安，以沙門多違佛律，羣聚穢亂，乃詔有司，盡坑殺之，焚破佛像。長安僧徒，一時殲盡。自餘征鎮，豫聞詔書，亡匿得免者十一二。文成之世，又使修復。熙平中，遣沙門慧生使西域，采諸經律，得一百七十部。永平中，又有天竺沙門菩提留支，大譯佛經，與羅什相埒。其《地持》、《十地論》，並爲大乘佛者所重。後齊遷鄴，佛法不改。至周武帝時，蜀郡沙門衞元嵩上書，稱僧徒猥濫，武帝出詔，一切廢毀。

開皇元年，高祖（隋文帝）普詔天下，任聽出家；仍令計口出錢，營造經、像。而京師及并州、相州、洛州等諸大都邑之處，並官寫一切經，置於寺内，而又別寫，藏于祕閣。天下之人，從風而靡，競相景慕，民間佛經多於六經，數十百倍。大業時，又令沙門智果，於東都内道場，撰諸經目，分別條貫，以佛所說經爲三部：一曰大乘；二曰小乘；三曰雜經。其餘似後人假託爲之者，別爲一部謂之疑經。又有菩薩及諸深解奥義、贊明佛理者，名之爲論。及戒律並有大、小及中三部之別。又所學者，錄其當時行事，名之爲記。凡十一種。今舉其大數，列於此篇。

一一　大唐三藏聖教序

唐太宗

蓋聞：二儀有象，顯覆載以含生；四時無形，潛寒暑以化物。是以窺天鑑地，庸愚皆識其端；明陰洞陽，賢哲罕窮其數。然而，天地苞乎陰陽而易識者，以其有像也；陰陽處乎天地而難窮者，以其無形也。故知像顯可徵，雖愚不惑；形潛莫睹，在智猶迷。

況乎佛道崇虛，乘幽控寂，弘濟萬品，典御十方。舉威靈而無上，抑神力而無下。大之則彌於宇宙，細之則攝於毫釐。無滅無生，歷千劫而不古；若隱若顯，運百福而長今。妙道凝玄，遵之莫知其際；法流湛寂，挹之莫測其源。故知蠢蠢凡愚，區區庸鄙，投其旨趣，能無疑惑者哉！

然則大教之興，基乎西土，騰漢庭而皎夢，照東域而流慈。昔者分形分跡之時，言未馳而成化；當常現常之世，民仰德而知遵。及乎晦影歸真，遷儀越世，金容掩色，不鏡三千之光；麗像開圖，空端四八之相。於是微言廣被，拯含類於三途；遺訓遐宣，導羣生於十地。然而真教難仰，莫能一其旨歸；曲學易遵，邪正於焉紛糾。所以，空、有之論，或習俗而是非；大、小之乘，乍沿時而隆替。

有玄奘法師者，法門之領袖也。幼懷貞敏，早悟三空之心；長契神情，先苞四忍之行。松風水月，未足比其清華；仙露明珠，詎能方其朗潤。故以智通無累，神測未形；超六塵而迥出，夐千古而無對。凝心內境，悲正法之陵遲；栖慮玄門，慨深文之訛謬。思欲分條析理，廣彼前聞；截僞續真，開茲後學。

是以翹心淨土，往遊西域；乘危遠邁，杖策孤征。積雪晨飛，途間失地；驚沙夕起，空外迷天。萬里山川，撥煙霞而進影；百重寒暑，躡霜露以前蹤。誠重勞輕，求深願達。周遊西宇，十有七年。窮歷道邦，詢求正教，雙林、八水，味道餐風；鹿苑、鷲峯，瞻奇仰異。承至言於先聖，受真教於上賢；探賾妙門，精窮奧業。一乘、五律之道，馳驟於心田；八藏、三篋之文，波濤於口海。爰自所歷之國，總將三藏要文，凡六百五十七部。譯布中夏，宣揚勝業。引慈雲於西極，注法雨於東垂。聖教缺而復全，蒼生罪而還福。濕火宅之乾燄，共拔迷途；朗愛水之昏波，同臻彼岸。

是知惡因業墜，善以緣昇；昇墜之端，唯人所託。譬夫桂生高嶺，雲露方得泫其華；蓮出淥波，飛塵不能污其葉。非蓮性自潔，而桂質本貞，良由所附者高，則微物不能累；所憑者淨，則濁類不能霑。夫以卉木無知，猶資善而成善，況乎人倫有識，不緣慶而成慶。方冀茲經流施，將日月而無窮；斯福遐敷，與乾坤而永大。

一二　大般若經初會序

唐・釋玄則

《大般若經》者，乃希代之絕唱，曠劫之遐津，光被人天，括囊真俗。誠入神之奧府，有國之靈鎮。自非聖德遠覃（覃，深廣也），哲人孤出，則方音罕貿，圓教豈臻。所以帝敍（太宗作聖教序）金照，皇述（高宗作述聖記）瓊振，事邈千古，理鏡三辰（日，月，星也）。鬱矣斯文，備乎茲日。然則部分二四，昔徒掌其半珠；會兼十六，今乃握其全寶。竊案：諸會別起，每比一部，輒復本以殊迹，各申一序。

至如靈峯始集（鷲峯山始說此經），宏韻首馳，控蕩身源，敷弘心要。何者？夫五蘊爲有情之封（封，疆域也），二我爲有封之宅。宅我而舉，則渴焰之水方深；封蘊以居，則尋香之堞彌峻。焉識夫我之所根者想，想妄而我不存；蘊之所繫者名，名假而蘊無託。故即空之談啓，亡言之理暢！閱紛俗於非動，置蠢徒於不生，齊谷響於百名，儔鏡姿於萬像。筌（取魚具，喻規範）宰失寄，而後真宰獨融；規准莫施，而後沖規妙立。慮塗千泯，言術四窮！使夫淺躁投機，拘攣解桎。媲司南之有在，同拱北以知歸。

義既天悠，辭仍海溢，且爲諸分之本，又是前古未傳，凡勒成四百卷，八十五品矣。或謂權之方土，理宜裁譯。竊應之曰：一言可蔽，而雅頌之作聯章；二字可題，而涅槃之音積軸。優柔闡緩，其慈誨乎！若譯而可削，恐貽患於傷手；今傳而必本，庶無譏於溢言。況搦（提也）扎之辰，慨念增損（有意除繁去重）；而魂交之夕，炯戒昭彰（夜夢極怖畏事，相警誡）。然終始感貽，具如別錄。其有大心茂器，久聞歷奉者，自致不驚不怖，爰諮爰度矣。

一三　新譯大乘入楞伽經序

武則天

蓋聞：摩羅山頂，既最崇而最嚴，楞伽城中，實難往而難入；先佛弘宣之地，曩劫修行之所。爰有城主，號羅婆那，乘宮殿以謁尊顏，奏樂音而祈妙法；因鬘峯以表興，指藏海以明宗。

所言《入楞伽經》者，斯乃諸佛心量之玄樞，羣經理窟之妙鍵。廣喻幽旨，洞明深義，不生不滅，非有非無。絕去來之二途，離斷常之雙執，以第一義諦，得最上妙珍。體諸法之皆虛，知前境之如幻，混假名之分別，等生死與涅槃。大慧之問初陳，法王之旨斯發。一百八義，應實相而離世間，三十九門，破邪見而宣正法。曉名、相之並假，祛妄想之迷衿，依正智以會如如，悟緣起而歸妙理。境風既息，識浪方澄，三自性皆空，二無我俱泯，入如來之藏，遊解脫之門。

原此經文，來自西國！至若：元嘉（宋文帝年號）建號，跋陀之譯未弘（初譯四卷）；延昌（魏宣武帝年號）紀元，流支之義多舛（次譯十卷本）。朕虔思付囑，情切紹隆，以久視元年，歲次庚子，林鍾紀律炎帝司辰，于時避暑箕峯，觀風穎水，三陽宮內，重出斯經。討三本之要詮，成七卷之了教。三藏沙門于闐國僧實叉難陀大德，大福先寺僧復禮等，並名追安、遠，德契騰、蘭。襲龍樹之芳猷，探馬鳴之祕府；戒香與覺花齊馥，意珠共性月同圓。故能了達沖微，發揮奧賾。以長安四年正月十五日，繕寫云畢。

自惟菲薄，言謝珪璋，顧四辯而多慚，瞻一乘而罔測。難違緇素之請，强申翰墨之文，詞拙理乖，彌增媿恧！伏以此經微妙，最爲希有。所冀破重昏之暗，傳燈之句不窮；演流注之功，湧泉之義無盡！題目品次，次列于後云。

賢者法藏尺牘（西元六四三～七一二年）

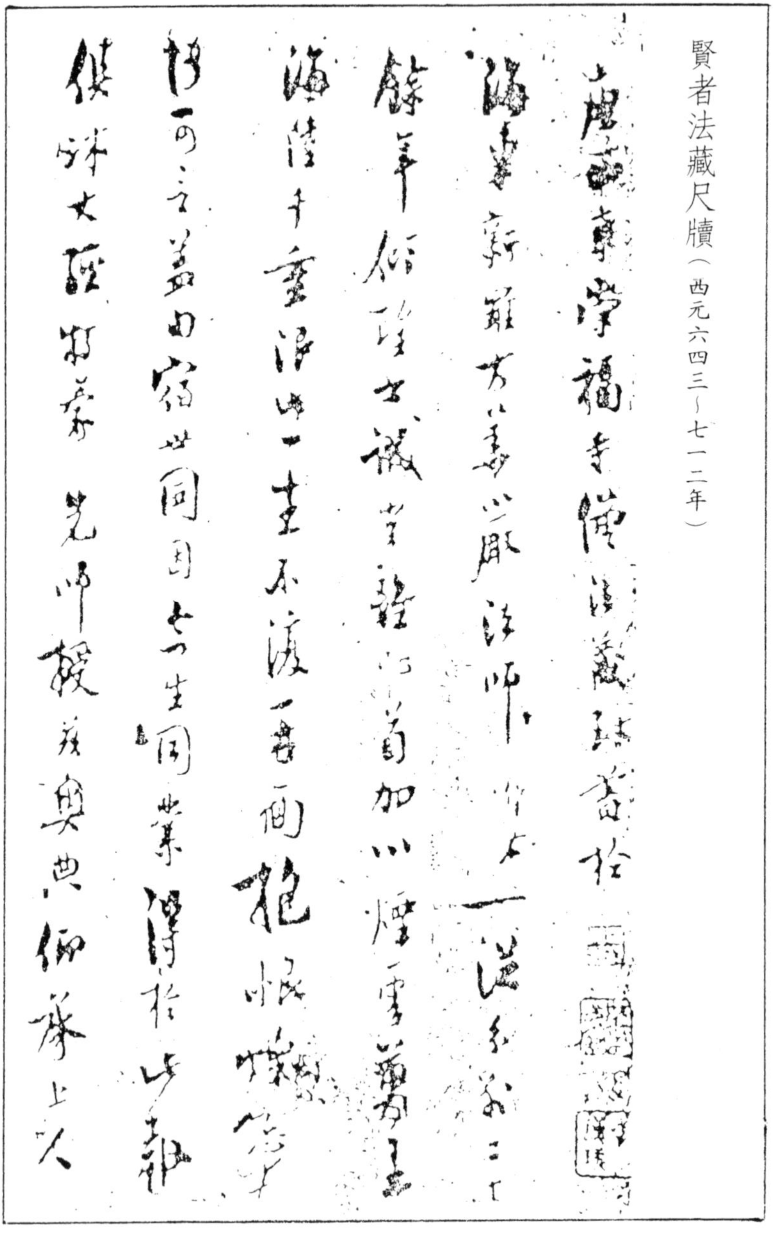
唐西京崇福寺僧法藏致書於
海東新羅大華嚴法師侍者　一從分別二十
餘年傾望之誠豈離心首加以煙雲萬里
海陸千重恨此一身不復再面抱懷戀戀夫
何可言故由夙世同因今生同業得於此報
俱沐大經特蒙先師授茲奧典仰承上人

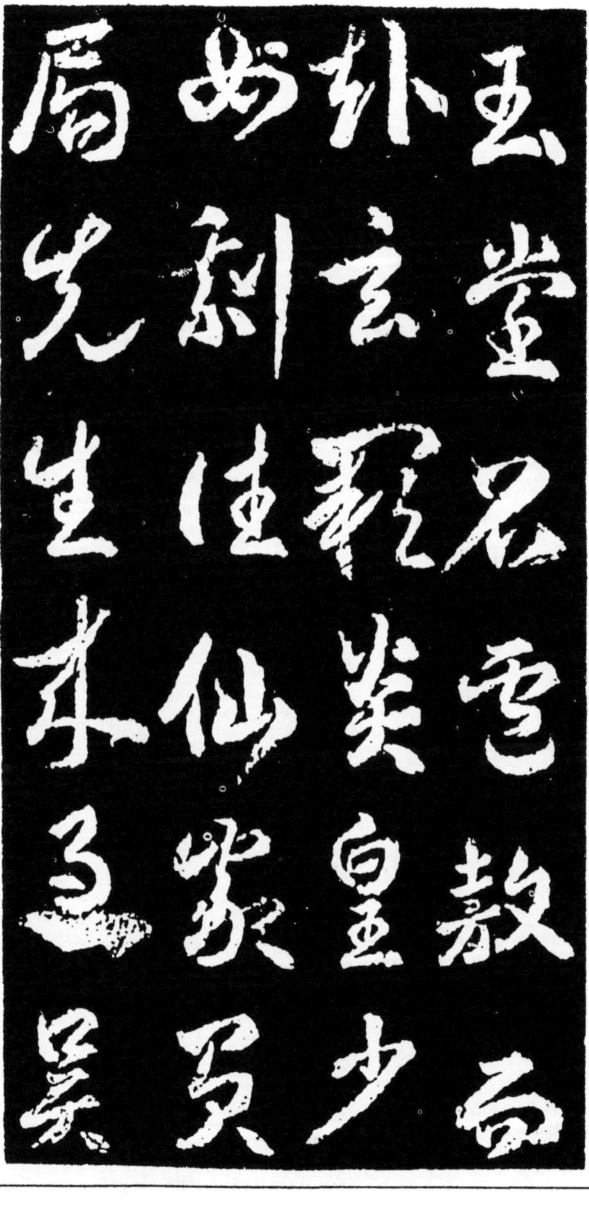

武后昇升太子碑（唐聖曆二年，西元六九九年）

一四　金師子章

唐・賢首法藏

武則天諮問華嚴奧旨，法藏敷宣玄義，指殿隅金師子爲譬，明緣起性空道理，則天豁然領旨。法藏集其語曰：《金師子章》以進。內容囊括全部佛法，爲佛教重要文獻。

初明緣起；二辨色空；三約三性；四顯無相；五說無生；六論五教；七勒十玄；八括六相；九成菩提；十入涅槃。

明緣起第一：

謂金無自性，隨工巧匠緣，遂有師子相起。起但是緣，故名緣起。

辨色空第二：

謂師子相虛，唯是真金；師子不有，金體不無，故名色、空。又復空無自相，約色以明，不礙幻有，名爲色、空。

約三性第三：

師子情有，名爲遍計。師子似有，名曰依他。金性不變，故號圓成。

顯無相第四：

謂以金收師子盡，金外更無師子相可得，故名無相。

說無生第五：

謂正見師子生時，但是金生，金外更無一物。師子雖有生滅，金體本無增減。故曰無生。

論五教第六：

一、師子雖是因緣之法，念念生滅，實無師子相可得，名愚法聲聞教。

二、即此緣生之法，各無自性，徹底唯空，名大乘始教。

三、雖復徹底唯空，不礙幻有宛然，緣生、假有，二相雙存，名大乘終教。

四、即此二相，互奪兩亡，情僞不存，俱無有力，空有雙泯，名言路絕，棲心無寄，名大乘頓教。

五、即此情盡體露之法，混成一塊，繁興大用，起必全真，萬象紛然，參而不雜，一切即一，皆同無性，一即一切，因果歷然，力用相收，卷舒自在。名一乘圓教。

勒十玄第七：

（自同時具足相應門至唯心回轉善成門，共十門，略）

括六相第八：

師子是總相。

五根差別是別相。

共從一緣起是同相。

眼、耳等不相濫，是異相。

諸根合會有師子，是成相。

諸根各住自位，是壞相。

成菩提第九：

菩提，此云道也，覺也。謂見師子之時，即見一切有爲之法，更不待壞，本來寂滅，離諸取捨，即於此路，流入薩婆若海，故名爲道。即了無始已來，所有顛倒，元無有實，名之爲覺。究竟具一切種智，名成菩提。

入涅槃第十：

見師子與金，二相俱盡，煩惱不生，好醜現前，心安如海，妄想都盡，無諸逼迫，出纏離障，永捨苦源，名入涅槃。

一五　大乘起信論疏序

唐・賢首法藏

夫、真心寥廓，絕言象於筌蹄（筌，取魚竹器；蹄，兔網）；沖漠希夷，忘境智於能所。非生非滅，四相之所不遷；無去無來，三際莫之能易。但以無住爲性，隨派分岐；逐迷悟而升沈，任因緣而起滅。雖復繁興鼓躍，未始動於心源；靜謐虛凝，未嘗乖於業果。故使不變性而緣起，染淨恆殊；不捨緣而即真，凡聖致一。其猶波無異濕之動，故即水以辨於波；水無異動之濕，故即波以明於水。是以動靜交徹，真俗雙融，生死涅槃，夷齊同貫。但以如來在世，根熟易調，一稟尊言，無不懸契。大師沒後，異執紛綸；或趣邪途，或奔小徑。遂使宅中寶藏匿濟，乏於孤窮；衣內明珠弗解，貧於傭作。加以大乘深旨，沈貝葉而不尋；羣有盲徒，馳異路而莫反。爰有大士，厥號馬鳴，慨此頹綱，悼斯淪溺。將欲啓深經之妙旨，再曜昏衢；

斥邪見之顛眸，令歸正趣。使還源者，可即反本非遙，造廣論於當時，遐益羣品。既文多義邈，非淺識所闚，悲末葉之迷倫，又造斯論。可謂義豐文約，解行俱兼。中下之流，因玆悟入者矣。

一六　大乘法界無差別論疏序

唐・賢首法藏

詳夫，性海虛凝，迴架名言之表；寂門圓應，潛該相用之源。故由常湛妙因，作濤浪之淵府；緣生幻果，依涅槃之起滅。出入冥會，動靜相和：理不乖事，不轉性而成物；事不乖理，不壞物而歸性。是則性非自性，多門所以立焉；物非他物，一相所以存焉。乃知含孕太虛而不增其量，隱祕纖芥而不減其形者，實唯法界無差別之緣起乎！將以智求，即乖其實；欲以情測，即失其真。

如來示滅，玆道陵替；後之學者，或守權乖實矣。有堅慧菩薩，傑出中天，位登證實，聲高五印，思欲光揚萬行，匡贊一乘，罄己所知，略示羣品。

其爲論也，理超謂迹，以菩提心、涅槃界爲因果之勝地；清淨土、功德山爲緣性之本轍。善苗擢葉，即還流以契本；白法開華，自還源而造極。亘煩惱海，不思議而一味；滿衆生界，豈斷常而萬殊。若虛空在雲，無以蔽其寥廓；如摩尼處垢，不足染其清明。文略義玄、喻近意遠！開夷路也，平等朗然而不變，則勇進者乘真而直入；辨實相也，緣起紛然而不作，則羸退者知迷而率服。豈煩衆異妄見之躋剝（躋音即，躋剝，瑣小煩雜也），而重嬈其心哉！作者之致，庶幾於顏子矣！（下略）

附　法界無差別論頌（錄六）

自性：

自性無染著，如火寶空水，（寶，摩尼寶）

白法所成就，猶如大山王。

無差別：

法身眾生中，本無差別相。

無作無初盡，亦無有染濁。

性空智所知，無相聖所行。

一切法依止，斷常皆悉離。

分位：

不淨眾生界；染中淨菩薩；
最極清淨者，是說為如來。

無染：

譬如明淨日，為雲之所翳，
煩惱雲若除，法身日明顯。

常恆：

譬如劫盡火，不能燒虛空，
如是老病死，不能燒法界。
如一切世間，依虛空起盡，
諸根亦如是，依無為生滅。

一性：

此即是法身，亦即是如來，

如是亦即是，聖諦第一義。
涅槃不異佛，猶如冷即水，
功德不相離，故無異涅槃。
眾生界清淨，應知即法身，
法身即涅槃、涅槃即如來。（此偈引經）

一七 新譯大乘起信論序

唐・闕名

夫、聲同則應，道合自隣。是以法雄命宗，賴宣揚乎法子；素王垂範，假傳述乎素臣。蓋德必不孤，聖無虛應矣。

《起信論》者，大乘之祕典也！佛滅度後五百年，有馬鳴菩薩出興於世。時稱四日，道王五天，轉不退輪，建無生忍。銘總持之智印，宅畢竟之真空，受波奢付囑，蒙釋尊遠記。善說法要，大啓迷津，欲使羣生殖不壞之信根，下難思之佛種，故造斯論。

其爲論也，示無價寶，詮最上乘，演恒沙之法門，惟在方寸；開諸佛之祕藏，本自一心。遣執而不喪其真，存修而亦忘其相，少文而攝多義，假名而會深旨。落落焉皎智月於淨天，滔滔焉注禪河於性海，返迷歸極，莫不由之。

此論東傳，總經二譯。初本即西印度三藏法師波羅末陀，此云真諦，以梁武帝承聖三年歲次癸酉九月十日，於衡州始興郡建興寺，共揚州沙門智愷所譯。此本即于闐國三藏法師實叉難陀，賫梵文至此，又於西京慈恩塔內，獲舊梵本，與義學沙門荊州弘景、崇福法藏等，以大周聖曆三年歲次癸亥十月壬午朔八日巳丑，於授記寺，與《華嚴經》相次而譯，沙門復禮筆受，開爲兩卷。然與舊翻，時有出沒，蓋譯者之意，又梵文非一也。

夫、理幽則信難，道尊則魔盛，況當劫濁，尤更倍增。故使偏見之流，執《成唯識》誹毀此論。真妄互熏，既形於言遂彰時聽，方等甘露翻爲毒藥。故經云：「唯佛與佛，乃能究盡諸法實相。」豈可輒以凡心，貶量聖旨！

夫、真如者，物之性也；備難思之業用，蘊不空之勝德，內熏妄法，令起厭求。故《勝鬘經》云：「由有如來藏，令厭生死苦，樂求涅槃。」又《經》云：「闡提之人，未來以佛性力故，善根還生。」如彼淨珠，能清濁水，是勝義之常善，異太虛之無記。故《經》云：「佛性常故，非三世攝；虛空無故，非三世攝。」豈執事空，以齊真理。

夫、論妄者，依理故迷真性，隨流爲妄漂動。故《經》云：「隨其流處，有種種味。」又《楞伽經》云：「如來藏爲無始虛僞惡習所熏，名爲識藏。」《密嚴經》云：「佛說如來藏，以爲阿賴耶，惡慧不能知，藏即賴耶識。」雖在纏而體淨，不變性而成迷。故《經》云：「然藥真味，停留在山，猶如滿月。」又云：「雖處五道，受別異身，而此佛性，常恒不變。」

若言，真不熏妄，妄不熏真：真、妄兩殊，豈會中道！故梁《攝論》云：「智慧極盲暗，謂真俗別執。」今則真爲妄體，妄假真成，性相俱融，一異雙遣。故《密嚴經》云：「如來清淨藏，世間阿賴耶，如金與指環，輾轉無差別。」聖教明白，何所致疑！良由：滯相而乖真，尋末而棄本，言越規矩，動成戲論。自貽聖責，深可悲哉！

余少小以來，專心斯論。翫味不已，諷誦忘疲，課拙傳揚，二十餘遍。雖未究深旨，而麤識文意，以爲大乘明鏡，莫過於此。幸希宗心之士，時覽斯文，庶日進有功！聊爲序引云爾。

一八　始終心要

唐・荆溪湛然

夫三諦者，天然之性德也！中諦者，統一切法；真諦者，泯一切法；俗諦者，立一切法。舉一即三，非前後也；含生本具，非造作之所得也。悲乎！祕藏不顯，蓋三惑之所覆也。故無明翳乎法性；塵沙障乎化導；見思阻乎空寂。

然茲三惑，乃體上之虛妄也！於是大覺慈尊，喟然歎曰：「真如界內，絕生佛之假名；平等慧中，無自他之形相。但以衆生妄想，不自證得，莫之能返也。」由是立乎三觀，破乎三惑，證乎三智，成乎三德。空觀者，破見、思惑，證一切智，成般若德；假觀者，破塵沙惑，證道種智，成解脫德；中觀者，破無明惑，證一切種智，成法身德。

然茲三惑、三觀、三智、三德非各別也，非異時也；天然之理，具諸法故。

然此三諦，性之自爾；迷茲三諦，轉成三惑！惑破藉乎三觀；觀成證乎三智；智成成乎三德！

從因至果，非漸修也；說之次第，理非次第；大綱如此，綱目可尋矣！

一九　大乘理趣六波羅蜜多經序

唐德宗

大朴（正作樸，真也）既散，有爲遂作！名利牽乎代，巧智喪乎真，愛惡攻其性情，因緣堅其染習。內則百慮無節，外則六根競誘，天理滅而莫知，道源迷而忘返，淪溺苦海，劫盡還初。惟至人了萬物之宗，越三界之表，廓獨立而不改，徧諸有而常然；故能開導羣疑，濟拔流品。

《六波羅蜜經》者，衆法之津梁，度門之圓極也。昔日月燈明如來爲菩薩說，歷劫曠遠真偈寂寥，文殊師利往於耆闍會中，嘗與彌勒菩薩語及斯事。成一切種智，會無量義因，唯佛能知，唯佛能說，教必有主，其在茲乎！是以釋迦如來，爲法而出，俟時而現！三身不異，故處代而常離，萬行無修，故隨方而自在。運慈悲之力，開護攝之門，因其六塵，示之六度。導於法分，令證法身，結習紛綸，乘理而悟：是真般若之旨也！故有慈氏善問，大音讚言，天垂寶華，雲集仙蓋，甘露流液，光明燭幽。使迷方淺深，皆得自然之慧；恒沙億衆，能通般若之智。

嘗試論之！先儒有言：「誠者自成，而道自導也。」夫誠己於內，則不勉而中，不思而得。誠物於外，則不言而應，不爲而成。其內者，證法之身；其外者，大悲之力。德產之致也！密化育之功也！夫、春風發吹，萬類咸滋，旭日昇晝，羣陰盡釋。乾坤易簡之道，是則大同；神明幽贊之情，孰云區別。殊塗一至，其理固然。

朕虔奉丕圖，保乂（乂，治也）蒸庶（眾民也），思建皇極，以昇大猷。遐想靈蹤，期於叶契，而舍城妙說，久祕梵文。徒懷瀉缾，未啓遺夾，微言不昧，將或起予！於是：罽賓沙門般若，受旨宣揚，光宅寺沙門利言，爲之翻譯。時大德則有：資聖寺道液，醴泉寺超悟，慈恩寺應真，莊嚴寺圓照，光宅寺道岸，西明寺圓照，章敬寺翌空，西明寺良秀等，法門領袖，人中龍象——證明正義，輝潤玄文，知釋迦之寶城，識衆尊之滿字。以貞元四年，歲次戊辰，十一月二十八日，於西明寺譯成上進。凡一部十卷。龍神翼衞，如從金口之傳；梵衆護持，無異毫光之現。朕齋心滌慮，仰味宗源，聞所未聞，實爲希有。然以汲引之旨，流布爲先，庶憑真筌，永濟浮俗。聊因暇日，三復斯經。雖法海甚深，而波流不讓。舉其梗概，照悟將來。

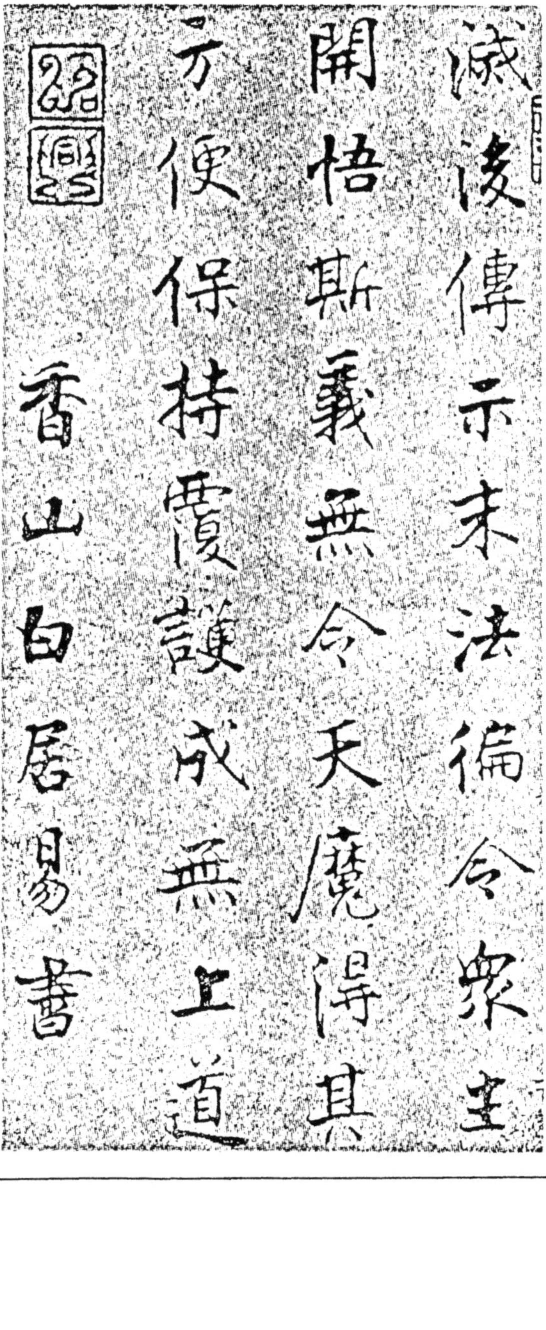
滅後傳示末法徧令衆生
開悟斯義無令天魔得其
方便保持覆護成無上道
香山白居易書

白居易手跡（西元七七二～八四六年）

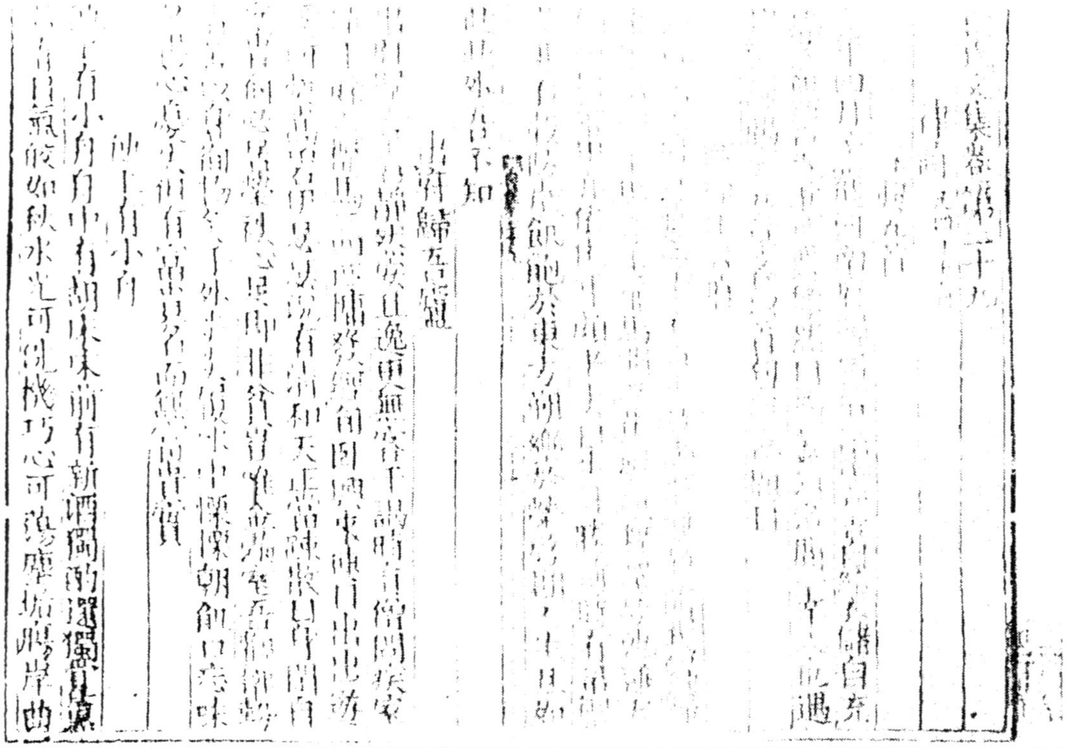

宋版《白氏文集》書影

二〇　心印銘

唐・梁肅

浩浩羣生，或動或靜，或幽或明，
旁魄六合，運用五行，
莫不因心，而寓其形。
波流火馳，出入如機，
如環無端，莫知其歸。
或細不可視，或大不可圍。
日月至明，或以為昏；
秋毫至微，或以為繁。
或囊包天地，或渴飲四海。
舒卷變化，惟心所造，
夭壽得喪，惟心所宰。

心遷境遷，心曠境曠。
物無定心，心無定象，
明則有天人，幽則有鬼神。
苦樂相紛，如絲之棼，
有無云云，不可勝言。
——抑末也已，本則不然！
惟本之為體，寂兮浩兮，不可遺兮，
顯矣默矣，不可測矣！
統萬有於纖芥，視億載於屈指。
外而不入，內而不出，
不闔不闢，不虛不實。
無感不應，無應不神，
在天而天，在人而人。
常存而未始或存，常昏而未嘗不昏。
豈惟我哉？蓋無物不然；

豈惟我得？蓋無物不得。
混而為一，莫覩其極！
故曰：心生法生，心滅法滅。
離一切相，則名諸佛。

二一　大乘本生心地觀經序

唐憲宗

噫夫！物我既殊，嗜欲方熾，六根陷因緣之境，七情奔利害之場；蓋纏其真，執縛於妄，愛惡攻內，紛華蕩前，心類騰猿，身若狂象——豈復悟菩提之性，息塵埃以自明；了真如之理，本空寂而爲樂！不有妙覺，其孰能拯斯溺乎。由是至人開發，大士傳教，濟羣迷於彼岸，斷諸妄於此門。不滅不生，視色空而俱泯；無來無去，觀性相以皆如。然則泯色空者，非言無以極其致；如性相者，非文無以會其歸。設此筌蹄，納諸逵路（四通路也，逵音魁）：此蓋西方神人之大教也。

《大乘本生心地觀經》者，釋迦如來於耆闍崛山，與文殊師利、彌勒等諸大菩薩之所説也。其梵夾，我列祖高宗之代，師子國王之所獻也；寶之歷年，祕于中禁。朕嗣守丕業，虔奉昌圖，聽政之暇，澡心於此。以爲攝念之旨，有輔於時；潛導之功，或裨於理。且大雄以慈悲致化，而朕生而不傷；法王以清淨爲宗，而朕安而不擾。敷教天下，用符方便之門；勵精以思，是叶修行之地，無爲之益，不其至乎。

　　夫如是，得不演暢真宗，闡弘奧義者也！乃出其梵本，於醴泉寺，詔京師義學大德罽賓三藏般若等八人，翻譯其旨。命諫議大夫孟簡等四人，潤色其文。列爲八卷，勒成一部。如來祕藏，歷塵劫而初開；大乘真理，超沙界而方證。燭其昏昧，示以津梁。俾披閱之者，甘露灑於心田；曉悟之者，醍醐流於性境。嗟歎不足，披翫豈忘；亦既書寫，聊爲序引。雖離諸文字，詎假發揮；而啓其宗源，式存年代：時我唐御天下一百九十有四年也。

二二　金剛般若經疏論纂要序

唐・圭峯宗密

鏡心本淨，像色元空。夢識無初，物境成有。由是惑、業襲習，報應綸輪。塵沙劫波，莫之遏絕。

心也者，沖虛妙粹，炳煥靈明，如彼古鏡，體自虛明，瑩徹無礙。妙絕名相之端，淨無能所之跡。故云：「鏡心本淨。」內而根身，外而器界，皆謂之像色。阿賴耶識一念之妄，變起根身、器界，若離妄念，即無一切境界之相，故云：「像色元空。」夢識只因不覺而有，心若常覺，夢識無由現發，故云：「夢識無初。」不覺心動，名爲覺明。因明起照，見分俄興。由照立塵，相分妄布。於是根身頓起，世界成差。故云：「物境成有。」根身既興，世界已成，根塵相滯，識風相鼓，鎖真覺於夢宅，瞽智眼於風塵，沈迷三界之中，匍匐九居之內，生死循環，無有窮已。故云：「由是惑、業襲

習，報應綸輪，塵沙劫波，莫之遏絕。」（宗密原註）

故我滿淨覺者，現相人中！先說生滅因緣，令悟苦、集、滅、道。既除我執，未達法空。欲盡病根，方談般若。心境齊泯，即是真心。垢淨雙亡，一切清淨。三千瑞煥，十六會彰。今之所傳，即第九分。句偈隱略，旨趣深微。慧徹三空，檀含萬行。住一十八處，密示階差。斷二十七疑，潛通血脉。不先遣遣，曷契如如。（下略）

二三　唐撫州景雲寺故律大德上弘和尚石塔碑銘并序

唐・白居易

元和十一年春，廬山東林寺僧道深、懷縱、如建、沖契、宗一、至柔、詧諸、智則、智明、雲皐、太易等凡二十輩，與白黑衆千餘人俱，賫持故景雲大德弘公行狀一通，贄錢十萬，來詣尋陽府，請司馬白居易作先師碑。會有故，不果。十二年夏，作石壙成，復來請，會有疾，不果。十三年冬，作石塔成，又來請，始從之。既而，僧反山，衆反聚落，錢反寺府。翌日文就。明年而碑立。其詞云：

我聞：竺乾古先生出世法，法要有三：曰戒、定、慧。戒生定，定生慧，慧生八萬四千法門。是三者迭爲用；若次第言，則定爲慧因，戒爲定根。根植則苗茂，因樹則果滿，無因求滿，猶夢果也；無根求茂，猶揠苗也。雖佛以一切種智攝三界，必先用戒；菩薩以六波羅蜜化四生，不能捨律。律之用也，可思量、不可思量，如來十弟子中，稱優波離善持律；波離滅，有南山大師（道宣）得之；南山滅，有景雲大師得之。

師諱上弘，姓饒氏，曾祖君雅，祖公悅，父知恭，臨川南城人。童而有知，故生十五歲，發出家心，始從舅氏剃落。壯而有立，故生二十二歲，立菩提願，從南嶽大圓大師受具戒。樂其所由生，故大曆中，不去父母之邦，請隸于本州景雲寺。修道應無所住，故貞元初，離我我所，徙居於洪州龍興寺。説法親近善知識，故與匡山法真、天台靈裕、荆門法裔，暨興果神湊、建昌惠璡五長老交遊。佛法屬王臣，故與姜相國公輔、顔太師真卿，暨本道廉使楊君憑、韋君丹，四君子友善。提振禁戒，故講《四分律》，而從善遠罪者無央數。隨順化緣，故坐甘露壇，而誓衆主盟者二十年。荷擔大事，故前後登方等、施尸羅者十有八會。救拔羣生，故娑婆男女由我得度者，萬五千五百七十二人。示生無常，故元和十年十月己亥，遷化于東林精舍。示滅有所，故是月丙寅，歸全于南岡石墳。住世七十五，安居五十五夏。

自生至滅，隨跡示教，行止語嘿，無非佛事。夫施於人也博，則反諸己也厚。故門人、鄉人，報如不及。繇是藝松成林，琢石爲塔。塔有碑，碑有銘。銘曰：

佛滅度後，薝蔔香衰，醍醐味醨。（通作漓，薄也）
誰反是香，誰復是味，景雲大師。

景雲之生，一匡苾芻，中興毗尼。
景雲之滅，眾將安仰，法將疇依。
昔景雲來，行道者隨，踐迹者歸。
今景雲去，升堂者思，入室者悲。
鑪峯之西，虎溪之南，石塔巍巍。
有記事者，以真實辭，書于塔碑。

二四　宗鏡錄序

北宋・永明延壽

伏以：真源湛寂，覺海澄清，絕名相之端，無能所之迹。最初不覺，忽起動心，成業識之由，爲覺明之咎。因明起照，見分俄興；隨照立塵，相分安布。如鏡現像，頓起根身。次則隨想，而世界成差；後則因智，而憎愛不等。從此：遺真失性，執相徇名；積滯著之情塵，結相續之識浪。鎖真覺於夢夜，沈迷三界之中；瞽智眼於昏衢，匍匐九居之內。遂乃縻業繫之苦，喪解脫之門；於無身中受身，向無趣中立趣。約依處，則分二十五有；論正報，則具十二類生。皆從情想根由，遂致依正差別。向不遷境上，虛受輪迴；於無脫法中，自生繫縛。如春蠶作繭，似秋蛾赴燈：以二見妄想之絲，纏苦聚之業質；用無明貪愛之翼，撲生死之火輪。用谷響言音，論四生妍醜；以妄想心鏡，現三有形儀。然後違順想風，動搖覺海；貪痴愛水，資潤苦芽。一向徇塵，罔知反本：發狂亂之知見，翳於自心；立幻化之色聲，認爲他法。從此一微涉境，漸成戛漢之高峯；滴水興波，終起吞舟之巨浪。

爾後：將欲反初復本，約根利鈍不同，於一真如界中，開三乘、五性。或見空而證果；或了緣而入真；或三祇熏鍊，漸具行門；或一念圓修，頓成佛道。斯則尅證有異，一性非殊，因成凡聖之名，似分真俗之相。若欲窮微洞本，究旨通宗，則根本性離，畢竟寂滅。絕昇沈之異，無縛脫之殊，既無在世之人，亦無滅度之者。二際平等，一道清虛，識智俱空，名體咸寂，迥無所有，唯一真心。達之，名見道之人；昧之，號生死之始。

復有：邪根、外種、小智、權機，不了生死之病原，罔知人我之見本。唯欲厭喧斥動，破相析塵；雖云昧靜冥空，不知埋真拒覺。如不辯眼中之赤眚，但滅燈上之重光；罔窮識内之幻身，空避日中之虛影。斯則勞形役思，喪力捐功；不異足水助冰，投薪益火。豈知重光在眚，虛影隨身；除病眼而重光自消，息幻質而虛影當滅。若能迴光就己，反境觀心，佛眼明而業影空，法身現而塵跡絕。以自覺之智刃，剖開纏内之心珠；用一念之慧鋒，斬斷塵中之見網。

此窮心之旨，達識之詮，言約義豐，文質理詣。揭疑關於正智之戶，薙妄草於真覺之原；愈入髓之沈痾，截盤根之固執。則物我遇智火之燄，融唯心之爐；名相臨慧日之光，釋一真之海。斯乃内證之法，豈在文詮；知解莫窮，見聞不及。今爲未見者，演無見之妙見，未聞者入不聞之圓聞，未知者說無知之真知，未解者成無解之大解。所冀因指見月，得兔忘罤，抱一冥宗，捨詮檢理。了萬物由我，明妙覺在身。可謂搜抉玄根，磨礱理窟；剔禪宗之骨髓，標教綱之紀綱。餘惑微瑕，應手圓淨；玄宗妙旨，舉意全彰。能摧七慢之山，永塞六衰之路；塵勞外道，盡赴指呼，生死魔軍，全消影響。現自在力，闡大威光；示真寶珠，利用無盡；傾秘密藏，周濟何窮！（中略）

今詳祖佛大意，經論正宗，削去繁文，唯搜要旨，假申問答，廣引證明。舉一心爲宗，照萬法如鏡，編聯古製之深義，撮略寶藏之圓詮：同此顯揚，稱之曰錄。分爲百卷，大約三章。先立正宗，以爲歸趣；次申問答，用去疑情；後引真詮，成其圓信。以茲妙善，普施含靈，同報佛恩，共傳斯旨耳。

二五　水喻真心

出《宗鏡錄》

夫水喻真心者，以水有十義，同真性故。

一、水體澄清，喻自性清淨心。

二、得泥成濁，喻淨心不染而染。

三、雖濁不失淨性，喻淨心染而不染。

四、若泥澄淨現，喻真心惑盡性現。

五、遇冷成冰而有硬用，喻如來藏與無明合，成本識用。

六、雖成硬用，而不失濡性，喻即事恒真。

七、煖融成濡，喻本識還淨。

八、隨風波動不改靜性，喻如來藏隨無明風波浪起滅，而不變自不生滅性。

九、隨地高下，排引流注，而不動自性，喻真心隨緣流注，而性常湛然。

十、隨器方圓而不失自性，喻真性普遍諸有爲法，而不失自性。

二六　南嶽禪師大乘止觀序

北宋・慈雲遵式

止觀用也，本乎明靜；明靜德也，本乎一性。性體本覺，謂之明；覺體本寂，謂之靜；明靜不二，謂之體。體無所分，則明靜安寄；體無不備，則明靜斯在。語體，則非一而常一；語德，乃不二而常二，祇分而不分，祇一而不一耳。體、德無改，彊名爲萬法之性；體、德無住，彊名爲萬法之本。

萬法者，復何謂也？謂舉體明靜之所爲也。何其然哉？良由無始本覺之明彊照，照生而自惑，謂之昏；無始無住之本隨緣，緣起而自亂，謂之動。昏動既作，萬法生焉，揑目空花，豈是他物！故云：「不變隨緣名之爲心，隨緣不變名之爲性。」

心，昏動也；性，明靜也。若知無始即明而爲昏，故可了今即動而爲靜。于是聖人，見其昏動可即也，明靜可復也。故因靜以訓止，止其動也；因明以教觀，觀其昏也。使其究一念即動而靜、即昏而明；昏動既息，萬法自亡，但存乎明靜之體矣！是爲圓頓，是爲無作，是如來行，是照性成修。修成而用廢，誰論止觀；體顯而性泯，亦無明靜。豁然誰寄，無所名焉。

爲示物旨歸，止成謂之解脫；觀成謂之般若；體顯謂之法身。是三即一，是一即三，如伊三點，如天三目，非縱橫也，非一異也，是爲不思議三德，是爲大般涅槃也！

嗚呼！此法自鶴林韜光，授大迦葉，迦葉授之阿難，阿難而下，燈燈相屬，至第十一馬鳴，鳴授龍樹，樹以此法寄言于《中觀論》，論度東夏，獨淮河慧文禪師解之，授南嶽大師，南嶽從而照心，即復于性，獲六根清淨位，鄰乎聖，斯止觀之用驗矣！

我大師，惜其無聞後代，從大悲心，出此數萬言，目爲《大乘止觀》，亦名《一乘》，亦名《曲示心要》。分爲二卷，初卷開止觀之解，次卷示止觀之行。解行備矣，猶目足焉。俾我安安不遷，而運到清涼池！

噫，斯文也，歲月遼遠，因韜晦于海外。道將復行也，果咸平（咸平，宋真宗年號）三祀，日本國圓通大師寂照，錫背扶桑，杯汎諸夏，既登鄮嶺，解篋出卷，天竺沙門遵式，首而得之。度支外郎朱公鄮，冠首序，出俸錢模板，廣而行之。大矣哉，斯法也！始自西傳，猶月之生；今復東返，猶日之昇；素影圓暉，終環回于我土也。因序大略，以紀顯晦耳。

二七 書楞伽經後

北宋・蘇軾

《楞伽阿跋多羅寶經》，先佛所說，微妙第一，真實了義，故謂之佛語心品。祖師達磨以付二祖曰：「吾觀震旦所有經教，惟《楞伽》四卷，可以印心。」祖祖相授，以爲心法。如醫之難經，句句皆理，字字皆法。後世達者，神而明之，如盤走珠，如珠走盤，無不可者。若出新意，而棄舊學，以爲無用，非愚無知，則狂而已！

近歲學者，各宗其師，務從簡便，得一句一偈，自謂了證。至使婦人、孺子，抵掌嬉笑，爭談禪悅。高者爲名，下者爲利，餘波末流，無所不至——而佛法微矣！譬如俚俗醫師，不由經論，直授方藥，以之療病，非不或中；至於遇病，輒應懸斷死生，則與知經學古者，不可同日語矣！世人徒見其有一至之功，或捷於古人，因謂難經，不學而可；豈不誤哉！

《楞伽》義趣幽眇，文字簡古，讀者或不能句！而況遺文以得義、忘義以了心者乎？此其所以寂寥於世，幾廢而僅存也！太子太保樂全先生張公安道，以廣大心，得清淨覺，慶歷中，嘗爲滁州，至一僧舍，偶見此經，入手恍然如獲舊物，開卷未終，夙障冰解。細視筆畫，手跡宛然，悲喜太息，從是悟入。常以經首四偈，發明心要。

軾游於公之門三十年矣！今年二月過南都，見公於私第，公時年七十九，幻滅都盡，惠光渾圜，而軾亦老於憂患，百念灰冷，公以爲可教者，乃授此經，且以錢三十萬，使印施於江淮間。而金山長老佛印大師了元曰：「印施有盡，若書而刻之，則無盡。」軾乃爲書之。而元使其侍者曉機，走錢塘，求善工刻之，板遂以爲金山常住。

元豐八年九月九日　朝奉郎新差知登州軍州兼管內勸農事騎都尉借緋蘇軾書

蘇東坡手書〈前赤壁賦〉（西元一〇八二年）

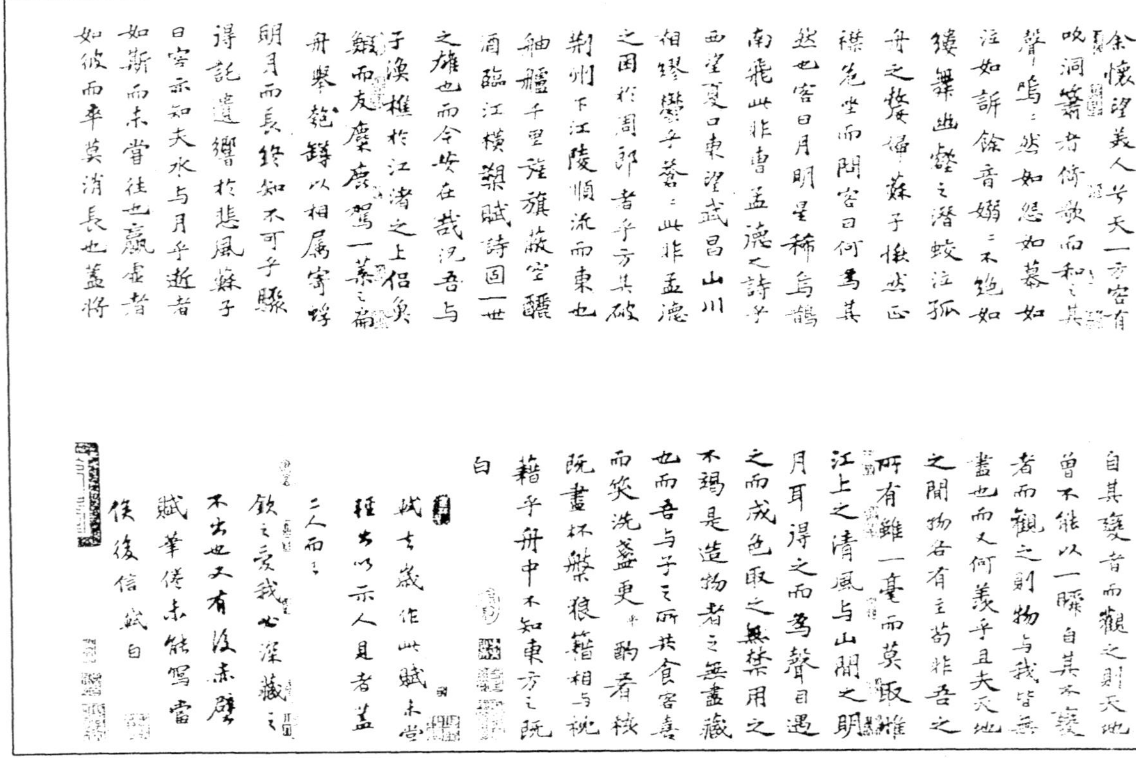

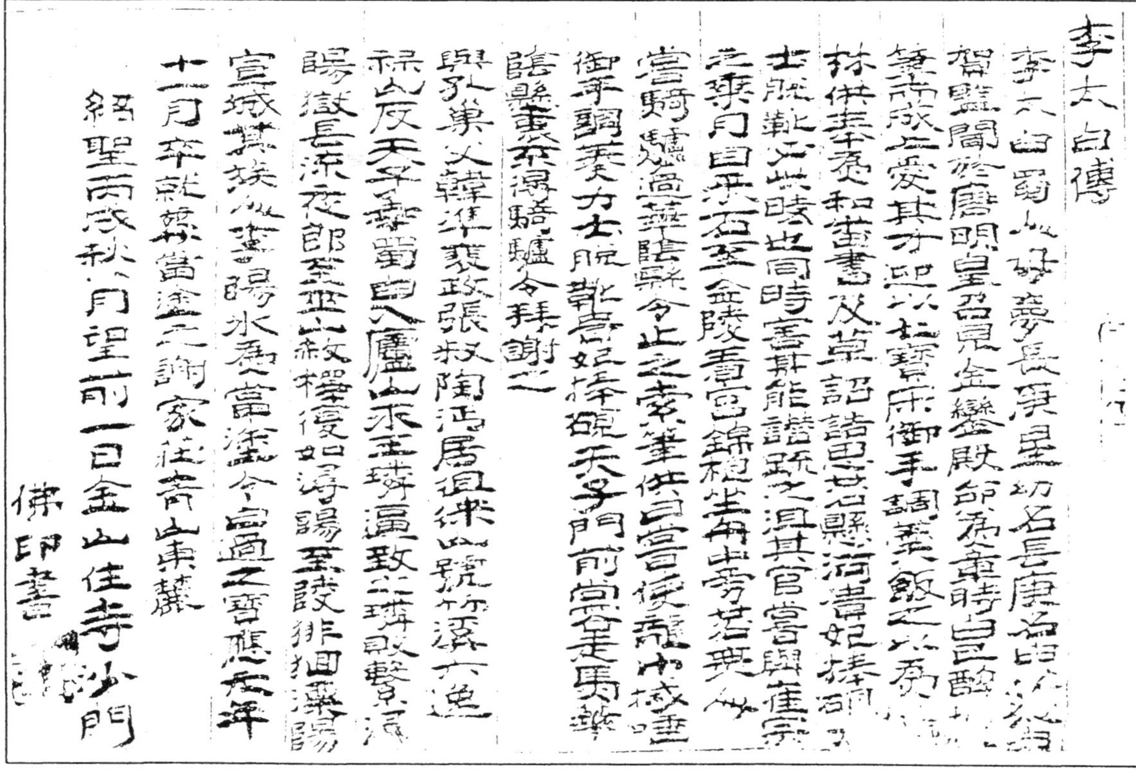

李太白傳

李太白蜀人，母夢長庚星，因以名。長庚為白，以為詔翰
賀監聞於唐明皇，召見金鑾殿，命為詩，白醉
筆而成，上愛其才，即以七寶床御手調羹飯之，以為翰
林供奉。和蕃書，及草詔誥，思若懸河。書妃捧硯，令
力士脫靴，不恤也。同時害其能，譖之，罷其官。嘗與崔宗
之乘月自采石至金陵，著宮錦袍坐舟中，旁若無人。
嘗騎驢過華陰縣，令止之。索筆供曰：曾使龍巾拭唾，
御手調羹，力士脫靴，貴妃捧硯。天子門前，尚容走馬；華
陰縣裏，不得騎驢。令拜謝之。
與孔巢父、韓準、裴政、張叔明、陶沔居徂徠山，號竹溪六逸。
祿山反，天子幸蜀，白入廬山。永王璘辟致之。璘敗，繫潯
陽獄。長流夜郎。至巫山，赦還。優遊潯陽。至陵又徘徊溧陽
宣城。其族人李陽冰為當塗令，白過之。寶應元年
十一月卒，就葬當塗之謝家，在青山東麓。
紹聖丙子秋八月望前一日金山住寺沙門
佛印書

佛印手書〈李太白傳〉（西元一〇三二～一〇九八年）

二八　淨心誡觀法序

北宋・靈芝元照

太近至易，無如自心，入死出生，了不知覺。其體明瑩，其量包容，故使一迷，遽生諸法。其猶寶鏡，因明而像生；又若長川，緣澄而波動。謂心異物，爲物轉心，吸攬塵緣，積成勞結。淪歷諸有，沈屈己靈。

餘趣無知，人倫尠學，縱令聽習，多墮邪痴。奔逐名聞，封著知解，至有江南江北，走覓菩提！曲見邪心，未嘗正直，野猿騰躍，家犬遲迴。勞我聖師，提耳垂誨，曲留妙藥，的指病根。囊括兩乘，津通萬行，託彼親度，用表弘慈。囑使竊闚，特彰祕勝，深訶講論，苦勉修治。

然古德傳通，雙弘教觀，諸部則以教開解，斯文乃以觀示修。既非無目而遊，豈是數他之寶。須信：從真起妄，舉體現前；達妄即真，不從他得。淨心之要，覽者宜知。

二九　一心三觀 並頌

元・虎溪懷則

達一念性具三千妙境（境即是假），本來空寂（空即是觀，是謂雙照空假）。無能觀空（不為智所淨，亡空也），無所觀境（不為境所染，亡假也）。境觀雙絕，能所頓亡（雙亡二邊，是為中道）。是爲日用中一心三觀，更無前後（文出《光明疏》第三卷二十六紙，記第四卷十七紙）。

頌曰：

境為妙假觀為空，境觀雙亡便是中。
亡照何曾有前後，一心融絕了無蹤。

三〇 論止觀

元‧中峯明本

止、體也，百千諸佛之所共住；觀、用也，八萬細行之所齊彰。體無用外之體，則止在觀中；用無體外之用，則觀歸止處。體不動故，猶須彌立於太虛；用不昧故，若杲日麗乎暘谷。止無所故，波水盡於本源；觀無能故，光影消於古鏡。太虛隱須彌之勢，則止、體本自無虧；暘谷藏杲日之光，則觀、用由來具足。源空波水滅，止亦何依；鏡破光影亡，觀將安寄？然則，鏡源本幻、體用元空，能所俱亡，止觀亦寂矣。

或曰：承教有言：衆生爲昏、散故，墮生死流；諸佛以止、觀故，住涅槃岸。所謂：以止止散，寂而常照；以觀觀昏，照而常寂。所以寂照雙顯，定慧兩融。止極觀圓，不真何待！審如前說，則止觀之名既混，定慧之體何分？名實既乖，恐非至論。

噫！豈不聞《法華經》云：「惟此一事實，餘二則非真。」止觀也，定慧也，寂照也，體用也：理本無殊，特立名之異耳。然以實就權，則二邊各立；會權歸實，則一亦不存。儻權實之不分，則名相自惑矣。殊不知靈鑑絕待，真覺無依，良由一念瞥興，萬法斯起。且迷悟既無別念，得失豈有二人。故聖人設教，雖百千不同，乃應機隨器，特不過遣其妄，而去其執。皆出於善巧方便三昧智力也。曷嘗有定意於其間；而亦未嘗無定意也。要在得旨忘言可矣。

且以止止散，而不知其所以散；以觀觀昏，而不知其所以昏！使散有可止，則心外有法；昏有可觀，則法外有心。所謂散者，不由空寂靈源，而應不自生；所謂昏者，若匪圓湛真體，而曷由自起。且空寂靈源動靜不異，圓湛真體明暗何殊。使止形乎絕動靜之源，猶寸土培須彌之勢；觀加於離明暗之體，若孤燈助暘谷之光。但一真之至體廓明，則萬法之幻名自釋，不離當念，豈涉階梯；融止觀於昏散之場，全定慧於生滅之際。即千波而觀湛水，清濁誰分；就五色而睹圓珠，染淨莫惑。至哉此旨，世或罕聞，惟證乃知，非悟罔測。言前薦得，已涉途程；擬著意求，刻舟何益。

三一論三諦

元‧中峯明本

即一而三，水、波、冰，不離濕性；惟三而一，鉼、盤、釧，總是金身。用有千差，體無二致。就體觀用則易，會用歸體則難。須知：體在用邊，用旋體際。儻非妙悟，一切意解，皆不相應。

謂三者何：真諦、俗諦、中道第一義諦也。謂一者何？當人之自心是也。言即一而三者，謂此心能真、能俗、能中也。言惟三而一者，其真、俗、中，皆自心之現量所變也。

荊溪謂：「真諦泯諸法，俗諦立諸法，中諦統諸法。」故古教謂：「於諦常自二，於解常自一。」賢首有四句，謂：依真入俗是一句；由俗會真是一句；真俗不二入乎中道是一句；即中而成真俗是一句。天台謂：真不自真，對俗而真；俗不自俗，望真而俗；中不自中，謂真俗二諦，一而非單，二而非兩，互顯互奪，相即相融，而爲中也。若空是斷空，則不能融色；色是實色，則不能混空。以其斷而非空，實而非色，各立二邊，宛然中道！惟昧此心體者，對真則執斷，入俗則迷常；二見儼存，則中道斯背矣。

此說，講學者，未嘗不通；其所通而非會者，以意識依文解義，非妙悟也。以其不悟，則能所之跡熾然，解心愈多，而迷情愈重矣。

謂悟者何？乃親見此一心之至體也。謂解者何？乃熟究此三諦之虛跡也；然悟而非解，解而非悟：旨與心通，不可言議，惟真參實究者，宜深思之。其學解，縱使玄中又玄，莫若神悟之爲準也。

三二　論四法界

元·中峯明本

遠客過門，指余色身，以四法界為問！謂：「此身於四法界，曰何法界所攝？」

余從容告之曰：「四種法界顯一心之體、用也！幻者罕習經教，輒以己意陳之。

且以手中拄杖言之，依相視之，喚作拄杖。名事法界。

離相惟性，不喚作拄杖。名理法界。

性相不二，正喚作拄杖時，卻不是拄杖；於不是拄杖處，不妨全體是拄杖。是名理事無礙法界。

以一拄杖，入一切法，任法立名，了無定體；以一切法入吾拄杖，同名拄杖，亦無定體。名事事無礙法界。如帝網珠，以吾一珠入一切珠，而體未嘗分；以一切珠入吾一珠，而體未嘗合。相攸相攝而無虧，互奪互融而不間。如永嘉謂：諸佛法身入我性，我性還共如來合；一月普現一切水，一切水月一月攝。

其法界之名，廣說萬殊，略說惟四，其實亦未嘗四也；惟廓悟自心之士，見處圓融，於法界相，不執一而言一切，不離一切而守一。蓋法爾如然，非神通所致也。

嗟夫！昧者妄執色身爲我，起種種貪欲，爲事所障，囚縛三界，無解脫期。聲聞觀色無我，惟滯一空，遠離世間，獨求解脫，爲理所障，被佛所呵。惟菩薩乘，了色即空，悟空即色，色空不二，住于中道，理事相含，獨脫無礙，猶存見執，尚滯法塵。獨如來事事無礙之境，如鏡照鏡，似空合空。類一摩尼，具含衆色。收則俱收，現則齊現。不容造作，豈涉安排。是謂無功用法門。

其法界相、總萬歸四，會四歸一，於無功用中，一亦不可存矣！余身於四法界理體如是。上根利器，薦在機先；中下之流，徒勞佇思。」

客唯而退。

三二 釋五蘊生死

元•中峯明本

僧問：「清淨本然，云何忽生山河大地？」答云：「清淨本然，云何忽生山河大地？」僧大悟厥旨〔註〕！且答與問相似，僧何不早悟於未問之先？這裡見得，便見山河大地不從外來，明暗色空且非他事，處處圓光獨露，門門至體全彰，破情塵於見聞知覺之間，脫世界於成住壞空之表，豈有生來死去、彼聖此凡之異見邪！更若情存得失，意涉是非；不惜眉毛重向葛藤窠裡注解去也！

當知三世諸佛，與大地衆生，於空王劫前，各各具有一面大圓鏡，初無欠剩。無端，衆生於淨白光中，瞥生異見，昧卻本來，便於寶鏡中，妄認影像，以爲實有；因生有見，即起無明；無明伏心，動成三毒；三毒因緣，引起諸業；由業所繫，受此四大；從四大中，結成五蘊；六根、諸塵，互相涉入；內自見聞覺知，外及山河大地，皆鏡之影像耳。所以《大般若》中謂：「色不異空，空不異色；色即是空，空即是色。受、想、行、識，亦復如是。」豈但五蘊是空，至于十八界、十二緣、四諦、六度等，未有一法不與空相應者。然鏡中影像，使不達法義者觀之，亦言是空耳。所以永嘉道：「心鏡明，鑒無礙！廓然瑩徹周沙界，萬象森羅影現中，一顆圓光非內外。」永嘉到這裡，已是和盤托出了也。

當知廣大心體，離言說相，離文字相，離凡聖相，離修證相，圓裹十虛，遍入三際。即生即滅之萬法，不礙無增無減之本源；即增即滅之諸塵，不隔無滅無生之實際。萬機莫測，千眼難窺！自非頓消情量，脫落根塵者，不可與聞也。《首楞嚴》謂：「空與色，是色邊際；離與合，是受邊際；記與忘，是想邊際；生與滅，是行邊際；湛合湛，是識邊際。」且道：寶鏡還有邊際也無？若謂有邊際是謗；若謂無邊際則誑。直下領略得，便見：即色受想行識，全是大圓寶鏡；大圓寶鏡，全是色受想行識；離寶鏡無五蘊；非五蘊無寶鏡。曠劫不迷，今日無悟，諸佛非聖，衆生非凡；獨步機先，全超象外。然後還歸本位，能所頓亡，盡三千刹海，一一正眼看來，不知孰爲五蘊？孰爲寶鏡？自然物我混融，一念平等。若不曾真實到這個田地，要脫他五蘊諸法，曾不異指月於水底，避影於日中者也。

且以五蘊生死言之：只今眼眨眨地有個四大色身，頂天立地，及見身外有山河大地；是色蘊生死也。寒暑耗其精神，苦樂遷其念慮，飢寒逼其體膚，憎愛起其離合，是受蘊生死也。喜則愛涎沃心，哀則淚珠盈目，未食蜜而先甜其舌，未嚼蘗(黃蘗)而先苦其口，興則役其神，寢則現於夢：皆想蘊生死也。天地之內，凡動、植、纖、洪之物，自四大色身，及與目前種種所用所有之物，未有一法不由因緣而成，即因即緣，皆屬生滅，以至成、住、壞、空，處處皆然，新新不住：皆行蘊生死也。處處攀緣，念念分別，開目云明，閉目云暗，涉入三世，分布六根；指色則辨其玄黃，歷味則別其甘苦，順則思縱，逆則思避，動時似有，覓時還無：皆識蘊生死也。此五蘊法障在目前，自古至今，任你才過李、杜，氣奪項、劉，直得拱手以聽其處分！十二時中，千重百匝，直是無你轉身處。

所以釋迦老漢，知有此一段大事，迷滯衆生，於是興大願心，開大法施，四十九年五千餘卷：偏、圓、頓、漸、大、小、半、滿，如長伸隻臂，向大圓鏡上，推開影像，拂去浮塵，但要個個向潔白光中識取本來面目。然後靈山會上拈出一華，迦葉不覺破顏微笑，直得光吞萬象，體遍大千！已而四七(西天二十八祖)、二三(東土慧可以下五祖)，向此光影裡，眼見空華，遞相鈍置。流傳既久，逗到老趙州面前，僧問：「萬法歸一，一歸何處？」州云：「我在青州做一領布衫重七斤。」覿面拈來，照天爍地，自非具大眼目之士，莫能窺其彷彿。

要見趙州光明麼？也莫問五蘊、六蘊、六根、七根，但將平生見解，世間出世間法，莫問如之若何，如斬一握絲，一斬一齊斷，待教胸次中，終日心無異緣，意絕妄想，卻單以生死無常爲重，提起這僧問底話頭道：萬法歸一，一歸何處？行而參，坐而參，莫問閑忙靜鬧，拌得此一生與之抵捱！捱到不奈何處，和尚話頭一時忘卻，方知三世佛、歷代祖、天下善知識，盡是認磚頭作古鏡。更說甚麼五蘊、十二緣、四諦、十八界，閑言長語，總無著處，豈非大丈夫能事畢矣！若不如是脫略一回，任你萬劫千生，往來昇降，安受輪轉，如蟻旋磨，率未有休日在。

梅山上人遽回心於功名富貴之場，偶聚首於普安客窗，因話及五蘊生死，乃爲之書。（《僧問五蘊生死》）

〔註〕此為禪宗一則有名公案。問話僧乃北宋長水子璿禪師，答者是瑯琊慧覺禪師。

三四 釋性空義

元・天如惟則

妙圓覺性，本自空寂，清淨平等，廓若太虛，非體狀可以指陳，非方所可以趣向，非門路可以進入，非五彩可以描摹。寥寥乎無一物之可取，蕩蕩乎無一法之可施，超越古今，離諸生滅，莫可得而形容思議之也！由業之所感，緣之所會，從畢竟無，成畢竟有。一物既立，萬法隨生，自是萬境發現，萬象橫陳，大地山河，微塵刹土，靡不有焉！

其所有者，非覺性之本有，乃情識與緣業交遘，而妄有也。妄有者，如夢幻影響，如陽燄空花，充塞世間，亂生亂滅。以目前觀之，不可謂無，究其始終，則非實有也！蓋情識從覺性轉變而生，情識如形，緣業如影，情識一生，緣業即現，未有形而不現影者，未有影而不隨形者。

吾之覺性，雖能變現情識，而不與情識俱變！故曰：「覺性如虛空，平等不動轉。」亦如大圓鏡體，本淨、本空，而姸醜諸像，隨至而彰。雖諸像有姸醜、有去來，而鏡體未嘗隨其妍醜去來，夫是之謂性空也！

十方如來，體此性空，成無上覺；一切菩薩，依此性空，圓修聖道；無邊衆生，迷此性空，沈墜生死於生死中。種種憎愛、種種執著，從情識而起緣業，從緣業而動情識，互相膠擾，返覆纏綿，積生積劫，三界往還，而不知有性空之解脫也！

於是諸佛菩薩憫世，起而救之。形於語言，現於行事，推明緣業於塵勞煩惱之中，開示情識於見聞覺知之頃。令其即妄明真，共達性空之理耳。能達是理者，當機活脫，正念炳然，於法、於塵，無染無著。不離覺知聞見，轉而爲清淨智觀；不舍煩惱塵勞，發而爲神妙功用。審如是，則吾性空之道，將與諸佛菩薩，覿體無別矣；豈止於能達而已哉！（〈示性空達禪人〉）

三五 闡釋生死（對靈普說）

元・天如惟則

茫哥剌宣差相公，請普說，師云：

「道無言說，法無形狀；有說是謗，無言是誑！敢問諸禪流，作麼生定當？」

舉拂子示衆云：

「曲順來機，事無一向！今辰，乃是菩薩戒弟子茫哥剌室利宣差相公，爲亡父翰林承旨學士朶兒赤相公諱日營齋，延集諸山師德，特命山僧舉揚法要，冀其父親於冥冥之中，因一言半句，見徹生死根源，得個解脫自在安身立命處！此其請普說之來意也！

以世法論之，生事之以禮，死葬之以禮，以時思之，以時祭之。孝子奉親之常情如是而已！今某官必欲乃父相公洞悟自心，優入聖賢之域，則又超出常情者遠矣！

愚者或議曰：『人既死矣，能聽法者誰歟？』

蓋不知：死則死矣，有不死者存！其承旨相公之昭昭靈靈、能鑑能覺者（第八識），何嘗有幽明之隔，死生之間哉！以至理推之：生本不生，死亦非死，生死去來，本無自性，亦無實法；特由循業發現，而有虛妄之相耳。所以教中道：『因緣和合，虛妄有生；因緣別離，虛妄名滅。』

原其受生之初，因父、母、己三緣會遇，謂之：『交遘發生，吸引同業。』從而地水火風四大和合，於是乎有身；當此之際，其昭昭靈靈，能鑒能覺者存乎其間矣！

既有身相，乃有六根。就其身而推之，外則髮毛爪齒，內則肝膽腸胃，內外中間三十六物，本無見聞，亦無知覺，因我六根與彼六塵，相爲對待。從而：眼色和合，虛妄有見；耳聲和合，虛妄有聞；鼻香和合，虛妄有嗅；舌味和合，虛妄有嚐；身觸和合，虛妄有覺；意法和合，虛妄有知。此見、聞、嚐、嗅、覺、知，謂之六識。而本無自性，乃因昭昭靈靈鑒覺之物，發現於根塵之中，而妄有之也！

從此便有種種分別，種種意想，種種染著，種種攀緣。內則隨情變遷，外則逐境流轉，情識交感，輾轉發生，起種種虛妄之惑，造種種虛妄之業，其三界二十五有之中苦樂升沈、生死輪迴之報，由是而無窮矣！其四大幻身則念念遷謝，少而老，老而病，病而死，死亦四大分散而已：其昭昭靈靈者何嘗有死哉！古佛云：『身從無相中受生，猶如幻出諸形象，幻人心識本來無，罪福皆空無所住。』

是故有志之士，才聞此話，便能於六根、六塵、六識之中，照破虛妄和合生死，了知情境惑業，如幻，如夢，如影，如響，亦如變化。既能如此照破，則不復隨他顛倒，而有返妄歸真之分矣！

雖得如此，又未免認著個昭昭靈靈喚作自己，保之、守之，如護命根，絲毫棄捨不得——乃知三界二十五有之窠窟、生死輪迴之根本，實存乎此！故祖師呵之云：『學道之人不識真，只爲從前認識神，無量劫來生死本，痴人喚作本來人。』須是猛拼性命，撒手懸崖，直下抖翻窠窟，剿絕根本。待其一念不生，前後際斷，方許認得本地風光，見得本來面目。

既見自己本來面目，即見諸佛諸祖本來面目，既見佛祖本來面目，即見一切衆生本來面目——與自己非一非二，無別無異，共亦不雜，離亦不分。譬如千燈光照一室，其光徧滿，無壞無雜。既到這個境界，猶疑聖見未忘；聖見未忘，未爲究竟。更須打個踍跳，抹過上頭關，踏著佛祖行不到處，始是究竟不疑之地！

若到究竟不疑之地，生也生你不得，死也死你不得，苦也苦你不得，樂也樂你不得，順也順你不得，逆也逆你不得。無佛也無祖，也無一切衆生，無凡無聖，無淨無穢，無真無俗，一切皆無，是謂萬法一如，無動無變之大自在也！

體雖不變，用乃隨緣，譬如虛空，體非羣相，而不拒彼諸相發揮。由是不變隨緣，故能爲佛爲祖，爲一切衆生情無情等，乃至爲生死爲涅槃，爲凡爲聖，爲淨爲穢。雖熾然有爲，而全體寂滅——是謂緣起無生，無著無礙之大自在也。既到這裡，方信祖師道：釋迦、彌勒猶是他奴——又豈過分事哉！」

喝一喝：

「且莫錯會好！山僧年老成魔，隨人顛倒，引出繞地葛藤，遞相纏縛，罪犯彌天；若遇著個無面目漢，便好掀倒禪床，痛搥一頓，亦使諸人知道，强中更有强中手，佛法何曾滯一邊！衆中還有這個人麼？如無，則山僧向灸瘢上重添艾炷！一與承旨相公據款結案，許其脫死超生，得大受用；一與現前大衆，撩頭撮尾，截斷葛藤根，解却彼此纏縛——」

驀拈拄杖云：

「生如寄，死如歸，未契吾宗向上機；離四句，絕百非，猶防語默涉離微！大力量人元不動，從教兔走與烏飛；生來死去渾閒事，大似著衣還脫衣！」

卓拄杖下座。

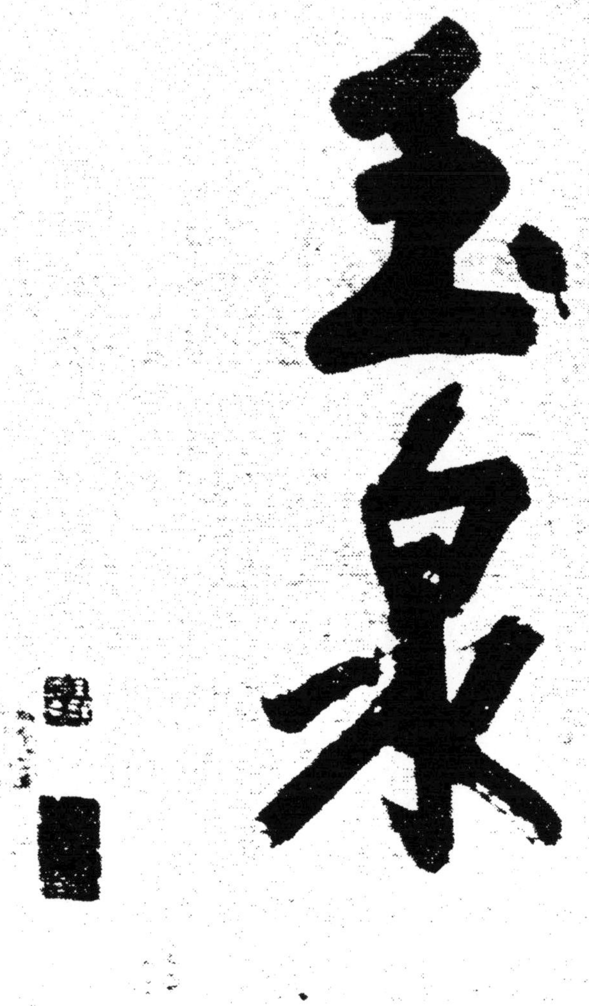

耶律楚材手跡（西元一一九〇～一二四四年）

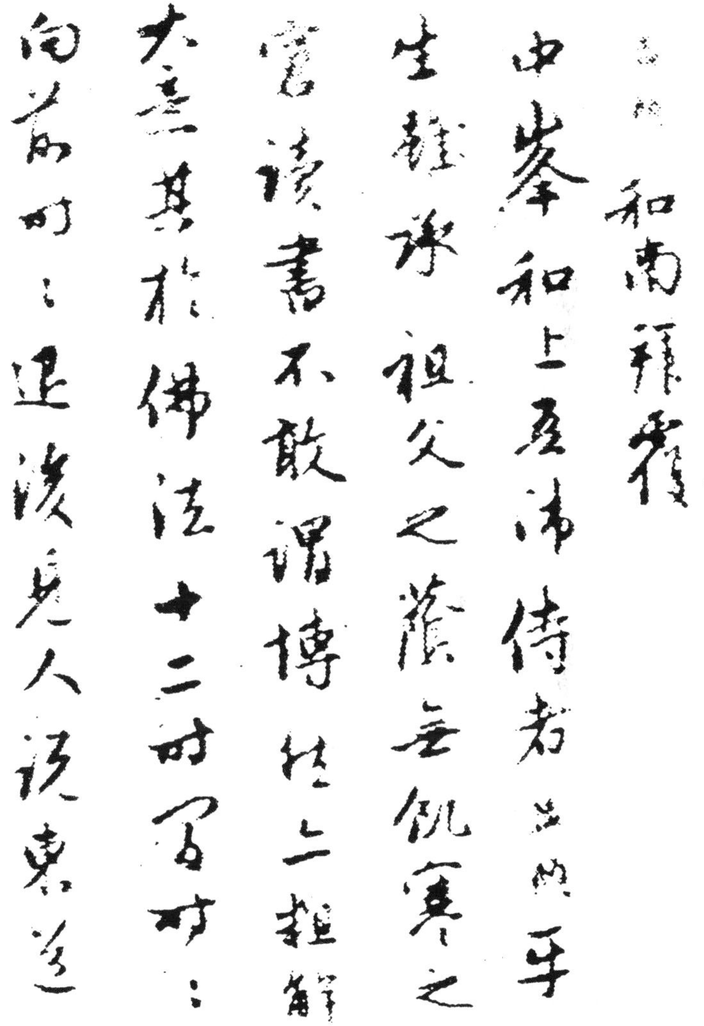

趙孟頫尺牘〈與中峯明本〉（西元一二五四～一三二二年）

三六 初學記序

元・趙孟頫

初學記者，白雲祖師清覺之所作也。覺公以先聖之後（俗姓孔，孔子五十二世孫），爲瞿曇之學，文字語言，所以開羣迷引後進，發揚三乘十地之要，使之入佛知見，惟恐人不爲佛：其心切切如此。

夫、人生而靜，天之性也；感於物而動，性之情也。生而靜故，各具此靈明知覺之妙；感而動故，皆有障蔽流蕩之失。釋氏有憂之，祛其障蔽，返其流蕩；或勸、或誘、或怖、或證，使歸於一乘。然而六道衆生，波旬外道，其趣不一，佛以正道扶持救護，千經萬偈，不憚於煩者，良以此也。

夫玉不琢不成器，人不學不知道，白雲祖師敷揚演説，以惠一切，俾由初地以至十地，直與如來等正妙覺。其與佛心，何以異哉！白雲宗主明仁，奉以奏御。聖上乙覽之餘，命錄入《大藏》，以傳久遠。是亦如來開悟羣生之仁也。孟頫豈勝歡喜讚歎之至。謹敍于卷首云。

皇慶二年三月七日　集賢侍講學士中奉大夫趙孟頫序

三七　佛祖歷代通載序

元・虞集

浮圖氏之論世，動以大劫、小劫爲言，中國文字未通，蓋不可知也。摩騰、竺法蘭至漢而後，釋迦佛之生滅，可以逆推其歲年。自是中國之人，得以華言記之。自天竺及旁近諸國東來者，莫盛於西晉，至于姚秦、石趙等國。其人則：鳩摩羅什、佛圖澄、那連耶舍、曇無讖諸師。而東土卓絕奇偉之士：生（道生）、肇（僧肇）、融（道融）、叡（僧叡）等，相爲羽翼，翻譯經義盡爲華言，而佛理之精無不洞究。先覺之士至有逆知，其至理之未至者（道生倡闡提成佛論，後經至果然）。佛學之行，莫博於此時矣。

彌天道安，至於遠公（慧遠），辟（避也）地東南，佛陀耶舍遠相從游；而辟世君子相依於離亂之世，乃若寶公（寶誌）、雙林（傅大士）諸公起而說法，而佛學大盛於東南矣。

若夫、智者（智者大師）弘法華於天台；三藏（玄奘）開般若於唐初；清涼（澄觀）

廣華嚴於五台；密公（宗密）説圓覺於草堂；宣公（道宣）嚴律教於南山；金剛（金剛智）啓祕密於天寶；大、小、三乘（聲聞、緣覺、菩薩）、唯識等論，專門名家，毫分縷析，汗牛充棟。學者千百，有皓首而不能窮極者焉。達摩之來，則有五傳其衣，五宗斯立，同源異派，自梁歷宋，謂之傳法正宗。我國朝祕密（密宗）之興，義學之廣，亦前代之所未有。此其大略也。

記載之書，昔有《寶林》等傳，世久失傳。而《傳燈》之錄、《僧寶》之史，僅及禪宗；若夫經論之師各傳於其教，宰臣外護因事而見錄，豈無遺闕！近世有爲《佛祖統紀》者，擬諸史記，書事無法，識者病焉！時則有若嘉興祥符禪寺住持華亭念常，得臨濟之旨於晦機之室，禪悅之外，博及羣書。乃取佛、祖住世之本末，説法之因緣，譯經弘教之師，衣法嫡傳之裔，正流、旁出、散聖、異僧；時君、世主之所尊尚，王臣、將相之所護持，論駁異同，參考訛正。二十餘年，始克成編。謂之《佛祖歷代通載》。凡二十二卷。其首卷則言《彰所知論》器世界、情世界、道、果、無爲五論，則我世祖皇帝時，發思八帝師對御之所陳説，是以冠諸篇首。其下則以天元甲子，紀世主之年；因時君之年，紀教門之事。去其繁雜謬妄，存其證信不誣。而佛道、世道；污、隆、盛、衰可並見於此矣。

嗟夫！十世古今，不離當念，塵影起滅，何足記哉！嘗見潙山有問於仰山，仰山每有年代深遠之對：則亦憫先覺之無聞者乎！而《法華》一經，前劫後劫，十號無二。又曰：「觀彼久遠，猶若今日。」則此書宜在所取乎。

至正元年六月十一日 微笑菴道人虞集序

三八　御製心經序

明太祖

二儀久判，萬物備周，子民者君，君育民者。法其法也！三綱、五常，以示天下，亦以五刑輔弼之。有等凶頑不循教者，往往有趨火、赴淵之爲，終不自省。是凶頑者，非特中國有之，盡天下莫不亦然！

俄，西域生佛，號曰釋迦。其爲佛也，行深願重，始終不二，於是出世間，脫苦趣。其爲教也，仁慈忍辱，務明心以立命，執此道而爲之，利濟羣生。今時之人，罔知佛之所以，每云：法空虛而不實，何以導君子、訓小人？以朕言之，則不然！佛之教，實而不虛，正欲去愚迷之虛，立本性之實。特挺身苦行，外其教，而異其名，脫苦有情。昔佛在時，侍從聽從者，皆聰明之士，演說者，乃三綱、五常之性理也。既聞之後，人各獲福。自佛入滅之後，其法流入中國，間有聰明者，動演人天小果，猶能化凶頑爲善，何況聰明者，知大乘而識宗旨者乎！

如《心經》，每言空，不言實。所言之空，乃相空耳；除空之外，所存者本性也。所以相空有六：謂口空說相；眼空色相；耳空聽相；鼻空嗅相；舌空味相；身空樂相。其六空之相，又非真相之空，乃妄想之相，爲之空相。是空相，愚及世人，禍及今古，往往愈墮彌深，不知其幾。斯空相，前代帝王被所惑，而幾喪天下者，周之穆王，漢之武帝，唐之玄宗，蕭梁武帝、元魏主燾、李後主、宋徽宗，此數帝廢國怠政；惟蕭梁武帝、宋之徽宗，以及殺身。皆有妄想飛昇，及入佛天之地。

其佛天之地，未嘗渺茫，此等快樂，世嘗有之！爲人性貪而不覺，而又取其樂，人世有之者何？且佛天之地，如爲國君及王侯者，若不作非，爲善，能保守此境，非佛天者何？如不能保守而僞爲，用妄想之心，即入空虛之境：故有如是。斯空相，富者被纏，則淫欲並生，喪富矣；貧者被纏，則諸詐並作，殞身矣；其將賢未賢之人被纏，則非仁人君子也；其僧道被纏，則不能立本性而見宗旨者也。所以本經題云《心經》者，正欲去心之邪念，以歸正道，豈佛教之妄耶！

朕特述此，使聰明者，觀二儀之覆載，日月之循環，虛實之孰取，保命者何如。若取有道，保有方，豈不佛法之良哉！色空之妙乎！

三九 釋氏護教編後記

明・宋濂

西方聖人，以一大事因緣，出現於世，自從鹿野苑中，直至於跋提河，演說苦、空、無我，無量妙義，隨機鈍利，分爲頓漸，無小無大，盡皆攝入薩婆若海。既滅度後，其弟子阿難陀，多聞總持，有大智慧，結集爲修多羅藏。而諸尊者，或後或先，各闡化源：優波離集四部律，謂之毗尼。金剛薩埵於毗盧遮那前，親受《瑜伽》五部，謂之秘密章句。無著、天親，頻升知足天宮，咨參慈氏，相與造論，發明大乘，謂之唯識宗旨。西竺龍勝（龍樹），以所得毗羅之法，弘其經要，謂之《中觀論》。燉煌杜法順，深入華嚴不思議境，大宣玄旨，謂之《華嚴法界觀》。

毗尼之法，魏嘉平初，曇柯羅始持《僧祇》戒本至洛陽，而曇無德、曇諦等，繼之立羯磨法，唐南山澄照律師道宣，作疏明之，《四分律》遂大行，是爲行事防非止惡之宗。薩埵以瑜伽授龍猛（龍樹），猛授龍智，智授金剛智，唐開元中，智始來中國，大建曼荼羅法事，大智道氤、大慧一行及不空三藏，咸師尊之，是爲瑜伽微妙秘密之宗。唐貞觀三年，三藏玄奘往西域諸國，會戒賢於那蘭陀寺，因受唯識宗旨以歸，授慈恩窺基，基乃網羅舊說，廣制疏論，是爲三乘法相顯理之宗。梁、陳之間，北齊惠文，因讀《中觀論》悟旨，遂遙禮龍勝爲師，開空、假、中三觀止觀法門，以法華宗旨授慧思，思授天台國師智顗，顗授灌頂，頂授智威，智威授惠威，惠威授玄朗，朗授湛然。是爲四教法性觀行之宗。隋末，順以《法界觀》授智儼，儼授賢首法藏，至清涼大統國師澄觀，追宗其學，著《華嚴疏論》數百萬言，走峯宗密繼之，而其化廣被四方，是爲一念圓融具德之宗

瑜伽久亡；南山亦僅存；其盛行於今者，唯天台、慈恩、賢首而已！此則世之所謂教者也。

世尊大法，自迦葉二十八傳，至菩提達摩。達摩悲學佛者纏蔽於竹帛間，乃弘教外別傳之旨，不立文字而見性成佛。

達摩傳慧可，可傳僧璨，璨傳道信，信傳弘忍，忍傳曹溪大鑑禪師惠能，而其法特盛！能之二弟子：懷讓、行思，皆深入其閫奧。

讓傳道一，一之學，江西宗之，其傳爲懷海，海傳希運，運傳臨濟慧照大師義玄，玄立三玄門，策厲學徒，是爲臨濟之宗。海之旁出，爲潙山大圓禪師靈祐，祐

傳仰山智通大師慧寂，父唱子和，微妙玄機，不可凑泊，是爲潙仰之宗。

思傳希遷，遷之學，湖南宗之，其傳爲道悟，悟傳崇信，信傳宣鑑，鑑傳義存，存傳雲門匡真大師文偃，偃之氣宇如王，三句之設，如青天震雷，聞者掩耳，是爲雲門之宗。玄沙師備，偃之同門友也，其傳爲珪琛，琛傳法眼大師文益，益雖依華嚴六相，唱明宗旨，迥然獨立，不涉凡情，是爲法眼之宗。遷之旁出，爲藥山惟儼，儼以寶鏡三昧、五位，顯三種滲漏，傳雲晟，晟傳洞山悟本大師良价，价傳曹山元證大師本寂，而復大震，是爲曹洞之宗。

法眼再傳，至延壽，流入高句麗。仰山三傳，之芭蕉徹，當石晉開運中，遂亡弗繼。雲門、曹洞，僅不絕如線。唯臨濟一宗，大用大機，震盪無際，若聖若凡，無不宗仰。此則世之所謂禪者也。

嗚呼！教之與禪，本無二門。依教修行，蓋不出於六度梵行，而禪定特居其一。繇衆生根有不齊，故先佛示化，亦不免其異耳；奈何後世各建門庭，互相盾矛。教則譏禪，滯乎空寂；禪則譏教，泥乎名相，籍籍紛紛，莫克有定！是果何爲者耶？

此則教禪異塗，猶可說也！自禪一宗言之：佛大勝多，與達摩同學禪觀，達摩則遠契真宗；勝多所見一差，遂分爲有相、無相、定慧、戒行、無得、寂靜六門，非達摩闢之，安能至今廓如也。慧能與神秀，同受法於弘忍，能則爲頓宗，秀則別爲漸宗；荊、吳、秦、洛，各行其教。道一、神會，又同出能者也；道一則密受心印，神會則復流於知解，一去弗返。而其末流，若大珠、明教、慈受輩，尚何以議爲哉！

自教一宗言之，慈恩立三教（小乘有教、大乘空教、大乘中道教），天台則分四教（藏、通、別、圓），賢首則又分五教（小、始、終、頓、圓），庵、妙各見，漸、圓互指，終不能歸之一致，可勝嘆哉！

此雖通名爲教，各自立宗，猶可説也；自夫本教之內言之：律學均以南山爲宗；真悟智圓律師允堪著《會正記》等文，識者謂其超出六十家釋義之外，何不可者；至大智律師元照，復別以法華開顯圓意，作《資持記》，又與會正之師殊指矣。不特此也，四明法智尊者知禮，孤山法慧大師智圓，同祖天台，同學心觀：真妄之異觀，三諦之異説，既已牴牾之甚；霅川、仁岳，以禮之弟子，又操戈入室，略不相容，諫書、辨謗之作，逮今猶使人凜然也！其他尚可以一二數之哉！

嗚呼！毗盧華藏圓滿廣大，徧河沙界，無欠無餘，非相而相，非緣而緣，非同而同，非別而別，苟涉思惟，即非聖諦；又何在分教與禪之異哉？又何在互相盾矛業擅專門哉？又何在操戈相攻，遽背其師說哉？雖然，適長安者，南北異塗，東西殊轍，及其所至，未嘗不同，要在善學者慎夫所趨而已！

比丘永壽，嘗以閩僧一源所著《護教編》示予，自大迦葉至於近代諸師，皆有傳、贊，文辭簡古，誠奇作也。壽獨惜其不著教禪承傳同異之詳，請予為記，以補其闕略。予因以所聞，疏之如右。文繁而不殺者，欲其事之著明，蓋不得不然也。

四〇 御製大方廣佛華嚴經序

明成祖

蓋聞：統萬法唯一理，貫萬古唯一心。心也者，萬法之源，衆妙之體，靈明不昧，清淨空寂，非色相之可求，非比量之可擬。故有無相之知，不用之用：惟不泥知，故無所不知；惟不泥用，故無所不用。所以森羅寶印，而周遍沙界也。

《大方廣佛華嚴經》者，諸佛之性海，一真之法界，顯玄微之妙詮，演無盡之宗趣。語其廣大，則無所不包；語其精密，則無所不備。雖一路一門之可入，而千殊萬變之無窮。望之者，莫測其津；即之者，莫睨其際。所謂：會滄海而爲墨，聚須彌而爲筆，不能盡一句之義；而況以淺近之觀，卑下之識，而欲探其閫奧者哉！

雖然，至道無形，至理有要。蓋要者，以一而爲衆，以衆而爲一；以大而爲小，以小而爲大。愈繁而愈簡，愈多而愈約，含十方虛空於一毫，納無量刹土於芥子。行布，萬象之粲明；圓融，海波之一味。總貫于一，奚有差別。事理交徹而兩忘，性相融通而無盡；若圓鏡之互照，猶明珠之相含。故悟之者，得圓至功於頃刻，見金色界於塵毛。普雨應量，隨其好樂，鮮不由于自心，亦何有於佛說。如彼世人，同遊寶藏，各隨所欲，皆獲如意。又如飢餐香積，皆得充飽。詮是理以闡教，其調伏利益者至矣。

朕間窺真諦，略究指歸，求千訓於一言，索羣象於一字，深歎如來之道，甚深廣大。以一心而爲宗，啓多門而無礙，千流之異而同源，萬車之殊而同轍。最勝之法，真實之義，非名言之可窮，豈小機之可解。直須了悟自心，圓信成就，庶可叩真如之玄關，以造空王之寶殿也。

於是鏤梓，遍布流通，廣大乘之教宗，爲羣生之方便。若夫：剖微塵之千卷，有待明人；書大藏於空中，俟彼智者。謹書此爲序，以發其端云。

永樂十六年六月初四日

四一　頤菴集序

明・豐坊

大雄氏開宗演義，而阿難獨以多聞解佛所說，如水傳器筆而傳之。微斯人，則藏之大訓，未必流布廣遠，如今日也。達摩直指法門不立文字，而六祖大師乃曰：「即此數語，亦是文字。」然則文字固不可廢與！蓋因文悟道，則文字爲階；忘道溺文，則所知爲障。《楞嚴》法喻數端，而慶喜方悟微旨；《法華》授記必歷多劫，乃應供正覺——此本末輕重之辨也！

自佛法入中國，中國比丘得法而能文者，不可殫記。永樂間，頤菴禪師以臨濟正宗薦學天寵，然常結交士大夫；如金太僕輩，不過以詩僧目之。余讀其詩，乃嘆其深悟心法之要，而時人未之識也。其讚《華嚴經》曰：

如大圓鏡，映徹大小，一切無遺；
不壞有為之相，不著無為之理。

贈《圓覺》會主曰：

發清淨心，不墮邪見，遠離幻化；

六根四大，皆令空寂，法性平等。

如金既銷，不重為礦，事障理障，畢竟不生。

贈獨峯曰：

日月山川，草木雲雷，覽乎目，觸乎耳，莫非妙淨明心所有之物。能於此而證之，則心境混融，物我雙泯。

嗟乎！此皆其心法有本而時出之，故沛然無礙，而足以明道闡教：非深知輕重之辨者能之乎也？其他詩文亦皆朗然絕俗，而無寒儉之氣；與貫休、如壁，不相高下。大抵發於心，而得之餘，未可以言語品題之也。

頤菴之五世徒曉無作與余遊，無作亦通儒佛書，能詩而尤精進於三摩；蓋又得頤菴之正宗者。間以序請，遂不辭而筆之。

重光單閼之歲白露節前　進士天官尚書郎豐坊序

四二　賢首諸乘法數序

明・闕名

大哉真覺之爲性也！廓焉之，如太虛；湛焉之，如巨海。横不可以極其邊，豎不可以窮其際。自體且無形貌，豈容有一法之相，而得寄於其間哉？實由背之者墮而爲凡，順之者登而爲聖，致染、淨諸法之名數，以之而興起焉。

始則獨頭無明（妄覺之心，不緣外境，孤然生起），二障（煩惱障、所知障）次之，極則至於八萬四千諸塵勞門。此所生染法之名數也。

始以一心（心性周遍，虛徹靈通），二空（人空、法空）次之，終則至於八萬四千清淨法門。此所生淨法之名數也。

淨法也，染法也，是皆大覺法王之所示也。原佛之意，蓋欲俾其諸修學者，覺諸染法是誠煩惱死生之依，即捨之而求出離。悟諸淨法，是誠菩提涅槃之依，即取之而求證入。故以世說之數，以目其法，遠不至於億、兆（十億）、京（十兆）、姟（十京）；以佛說之數，以詔其法，曾不至於洛叉（華言十萬）、俱胝（百億），及那由他（萬億）。庶乎易解而易窮！故言染之與淨之名數，惟極至於千、萬而已——於戲！大覺度生之悲願也，其深矣乎。

雖然，此法之數，乃亦就小乘與始教說之！若是若以頓、終二教如實論之：終存于一，但說一性、一相；頓亡于一，直顯本性，頓復其源耳！

若進升之於華嚴圓教，則復立體、相、用三，以爲一經法數之要。謂杳冥之內，衆妙攸存。衆妙即相，杳冥即體。體、相交作，即一而二。鎮國云：「冥真體於萬化之域，顯德相於重玄之門。」矧又寂滅而繁興，即真體而彰乎大用！大用無盡，諸祖開十玄門以管之：顯夫諸法之相，周遍含攝，交徹無礙，猶秦鏡之傳耀相寫，若帝珠之互現交光。以此觀之，即一即多，法數無量，非徒復其本性，頓成正覺，抑即以恆沙性德之相之爲受用，信不誣矣。

中吳臥佛主其席者本初和尚，常慨夫賢首之諸乘法數，舊集亡而不存，後進讀者，遇法相難處，輒不易明，雖欲考之而無從；故於洪武甲子春，命潛溪深法師長夏講經之餘，復以此爲請焉。法師乃昔曹溪淨明蘭華嚴之嫡孫也，問學有源，經論是閑，誠見惟深，探討惟廣。故此不違其請，即以平昔所聞所見，集而成編，還詔之爲賢首諸乘法數云。將來義學之士，究明法相，一皆以此爲司南者：則於宗教之裨益，功亦非淺！……

宣德丁未歲季秋

四三　梵網經心地品菩薩戒義疏發隱序

明・雲棲袾宏

聞夫心、佛、衆生，一而已矣。生本即佛，佛本即心，心自不生，戒將焉用！自迷心而起於惑海，浩爾難窮；乃因心而建以法門，茫乎無量。然而法必有紀，事斯可循。繇是由無量而約以恒沙；恒沙而約以八萬；又約之則從萬而千；又約之則從百而十；又約之則六度張其大目；又約之則三學總其宏綱，而復融會乎三捃束爲二，雙配故云定、慧，單舉則號毗尼。斯蓋溯流及源，全歸此戒！緣名覓體，唯是一心！心攝也，遊念斂而湛寂生；心寂也，定力深而慧光發。三學既備，六度自修，無量法門，皆舉之矣！大哉戒也，其一切法之宗歟！

顧本其類也，有小乘，有大乘。而別其戒也，曰聲聞，曰菩薩。一則清修外慎，而身絕非爲；一則正觀內勤，而心無慝念。一則守己，便名無犯，澤匪旁施；一則利他，方表能持，道非有我。一則隨事設匡維之制，漸就良模；一則當時陳畫一之規，頓周善法。一則精嚴分齊，局爲僧尼；一則剖破藩籬，統該緇素。一則依制止稱制止，遵故轍而明近功；一則即律儀超律儀，運神機而樹偉績。體既如是，用胡不然。其滅惡也，或如朝曦泮冰，遲久而堅凝未動；或如紅爐點雪，刹那而影迹無存。其生善也，或如嬰兒學語，片言而蹇吃連朝；或如大造回春，萬卉而萌芽一旦。其度生也，或如流螢燭地，光生跬步，而僅爲蟻徑之資；或如杲日麗天，暉映虛空，而普作人寰之益。霄壤不足評其勝劣，日劫何所喻其高卑！故知欲入如來乘，必應先受菩薩戒。繇此戒而發舒萬行，則普賢願王；繇此戒而廓徹孤明，則文殊智母。諸佛所同揚之標幟，千賢所共履之康莊。大哉菩薩戒也，其一切戒之宗歟！

是以，舍那面授，妙海親聞，千華之上慈尊，枝枝衍秀；七佛而來譯主，字字傳音。惜乎，雖具全經。未彰妙疏。緬惟智者，始創微言，洎我愚夫，重披隱義。曠劫波靈台之祕典，何幸躬逢；數聖人道岸之芳塵，深慚踵接。惟冀流通授受，拂古鏡以維新；遞互承繩，續先燈而廣造。各各悟惟心之佛，而恒以戒攝心；人人了是佛之生，而竟以生成佛。若僧若俗，是人是神，不簡惡道幽途，無論異形殊類，但知聞法，齊登梵網法門，凡厥有心，盡入舍那心地云爾。時

萬曆十五年歲次丁亥二月八日　菩薩戒弟子杭雲棲寺比丘袾宏謹識

四四　般若心經指掌序

明・永覺元賢

般若無知，諸法本寂，根由一真之妙體，影現二諦之浮名。似實似虛，非虛實之所能擬；亦離亦合，非離合之所能明。所以空而非空，有而非有：互成不妨，互奪並存，亦可並亡。泯、立無閡，隱、顯自在。是謂般若之玄宗也！

怎奈，凡心易惑，智火難然！如舉網以張風，似從波而捉月，徒歷艱辛，翻成障礙！由是百苦交纏，千殃並集：都由此一念之執耳！

茲般若心經者，文約而義實豐，詞顯而理殊奧。首開空、色兩門，專破有、無二執。有無盡，而實相可顯；色、空合，而妙義方圓。日用明此，般若之道，思過半矣！

嘗見諸家註釋，罕臻其奧；唯賢首、孤山二疏，果彌法壇老將！但廣摭經論，侈布筌罤，非初學之所可通。故茲特爲指掌，使其易見：所以便初學也。然萬里之行，起於跬步：觀者幸毋忽焉。

歲在甲午孟秋佛歡喜日　鼓山比丘元賢稽首和南序

附自贊

老漢行年今八十，世間事事皆收拾，
唯這影子遍諸方，敗露重重遮不及！
會麼？
有相身中無相身，低頭方見明歷歷！

永覺老人自題

四五　大佛頂首楞嚴經正脈疏序

明・朱俊柵

夫、羣生莫不有心，而真心難悟；修心莫不有定，而性定難明。故玆《首楞嚴經》者，指真心、而示性定也。

予也，召育橫流，素餐尸位，自弱冠來，志尚禪宗，潛心內典，亦嘗耽玩斯經，每病其註之未善。萬曆壬辰，妙峯登上人來自上黨，告余曰：「登遇僧交光，諱真鑑，京都人也，早歲爲弟子員，因閱《楞嚴》有悟，遂從釋專其學，寓上黨廿餘載，改正《楞嚴》注解，發明性定，極其親切，登見之，不勝羨服，因招請，來蒲（蒲州）不日矣！」既至，與語甚契。朝夕聆誨，滌謬蠲迷。遂師事之。及讀《楞嚴》新註，尤合鄙見，而諸疑盡釋。夙緣克諧，即諷妙峯輩倡衆刊之。不歲餘而功竣。師囑予序。予以七句病叟，知見昏庸，曷敢僭言，取咎聖道？師索之不已，乃勉强構思所爲，說曰：

梵語首楞嚴，華言一切事究竟堅固。曰一切事者，蓋總攝乎身心世界；非獨制乎孤調之心。曰究竟堅固者，特取乎本來不動；非全恃乎修治之功。此心、此定，具自在神用，卷舒世界，存泯身心，無不可者。衆生所以不能者，因無始來根本無明所覆，致境界妄現。如人作夢，無中現有！世界身心，總一大夢，夢惟心之虛影，誤認爲真，橫起貪著，自取流轉，劫歷塵沙，彌恣昏擾。若不指歸性定，則生死尚如瀑流，安有自在神用。

以故，如來雖設三學，理惟一定！蓋戒爲定之前導，慧乃是定之後功，無異體也。定有二：一曰識心定；二曰根性定。

識心定者，謂未見性者，姑制雜念，令其不起；外道、諸天、小乘羅漢、權教菩薩，皆居此定。此定虛僞非真，靜則成，動則壞，非常住大定，終不成無上菩提。此經初即破妄心，禁止斯定，教人舍而勿修，爲其似是而非，恐妨性定也。

根性定者，謂近具六根，遠該萬法，總是寂照無邊之體，因帶無明，結爲六根！六根體用雖同，而見、聞最勝；故悟由於眼，修依於耳。然此根中之性，本不動搖，亦無生滅，既非修之而成，亦非制之而定。知之既真，功惟一守：守其本有，不假多方。然此性於未悟之前，未嘗不定；既悟之後，安有動移。動靜之境無礙，起滅之念無干。故曰：「那伽常在定，無有不定時。」然須辨別，令其根、識分明，方可決擇。如眼見物時，但如鏡中，無別分析，是即眼根見性；若起一念分別，便屬識心耳！耳之照聲，亦同此辨。

斯經破識之後，即從眼根指其實心，示本來定；而不動、不滅、無還等義，曲盡無遺。至於除二見之妄，但去其所帶無明而已，非破斥也。自是而後，四科、七大，雖廣彰萬法全性，一一常住周遍，總不離於前之根性，而明其法體通貫，理極圓融，舉一全該，坦然平等，令修根性定者，知其不遺一法也。如是，則奢摩他中，所以發明真心本定者，略無餘蘊矣。

至於阿難說喻請修，但令其挽迴聞聲之聞根，反聞聞性之自體；此則以無分別根，合無分別性，全不用覺觀思惟。故經初破盡六識，但指根性也。繼說道場，不過加行而已，而妙三摩提，豈離圓通而別有哉。

由是修門既入，歷位宜明，復因當機之請，而條列焉！始有三漸而撰圓通，次躡乾慧而臻十信，以至住、行、向、地，行部分明，等覺、妙覺圓融證極，是皆禪那清淨修證聖位，而楞嚴全體大用，始復其初，無不自在矣。厥後七趣、五魔，大意惟以警淹留、護墮落，而一經妙旨終矣。

經文十卷，可一言而蔽之曰：「斥識用根」四字而已！以依識不得漏盡，依根得成菩提故也。

至哉《楞嚴》！歸真捷徑，天竺珍尚，嚴禁其傳，天台師（智者）西向祝祈，竟不諧願。般剌師冒禁賫來，後學受賜。所病者，諸賢誤引台宗三觀，翻易成難！幸賴吾師劬勞訂證，撰著歷年，一其異詞，刪其支説，俾楞嚴正脈湮晦數百年，始獲昭著。嘉惠來學，厥功溥博，法門之光，吾儕之幸也。有緣遇者，允宜虛心察理，改轍更絃。從其正而免蹊迂途，不假功而堂登覺岸。

贅詞僭序，愧汗交頤！所冀同人，俯垂玄鑑。

萬曆二十八年庚子孟秋之吉　皇明代藩七十翁山陰王樂善道人朱俊柵撰於欽賜樂善書院

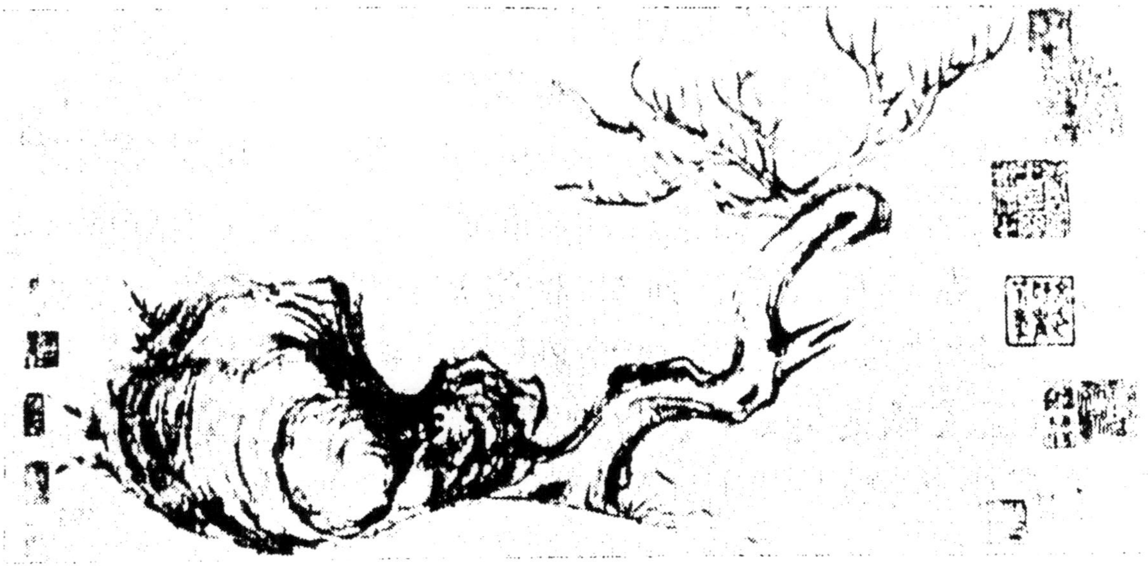

古木怪石圖卷　蘇東坡繪

紅衣羅漢卷　趙孟頫繪

四六 妙法蓮華經意語序

明・湛然圓澄

夫《妙法蓮華經》者，乃諸佛不傳之妙心也！蓋此心無相、無朕、無迹，文字不足以載，言論不足以辨。故曰：「是法寂滅相，不可以言宣。」既文言不能盡其旨，故取喻蓮華，致意于言外，使默識而心通焉。

夫蓮之爲義：方華既果，喻三世之靡移；處染常淨，喻聖凡之無間；出現無方，喻羣情之等有；一蓬多子，喻十界之同居。蓮唯一種，處變有三：在水曰芙渠，出水曰菡萏，開放曰蓮華。用喻吾心，亦有三義：在藏曰真心，生起曰幻心，發明曰妙智。故不取喻于羣華，而獨喻于蓮者，良有以也。

且凡華者，有先華後子，有先子後華，或虛華無實，或多華一子。而未若此華，華開蓮現，華落蓮成，無先後之異也。華必有實，實必有密，無虛華不果之謬也。

夫，蓮者連也！連環不斷，是處皆有，若水、若火、若木、若石、若地、若空，隨心所感，不揀處方！如王恭舍宅建寺，蓮生桑上；比丘行道窮山，而蓮現石中；樹提伽宿生業感，而蓮開火內；優婆塞精誠念佛，而蓮發階除；如是等種種，不能盡舉，可以意推。

且水中之蓮出，是當然，喻沙門依正法修行，而克果者也；木、石、火中之蓮，本非其處，喻邪外依異道修行而克果者也。依正法克果者，如舍利弗等千二百聲聞是也；修行異道克果者，如提婆達多、妙莊嚴王等是也。既克果不擇邪正，豈不如蓮之不擇淨穢也。吾謂此之妙法，乃自心常分之境，非言可盡，非識所知，如來指常見之蓮華，以喻難見之自心，使得于言外矣。

吾知蓮之爲喻大矣哉！其餘妙義，至品當見。予愧就學日淺，見聞未博，但于數家注釋，力窮有年，知古人有不盡之妙，存于其間，不揣疏狂，作此意語。擔揑邪見，另撥機關，心效贊嘆大乘，甘負謗法之謬。如來之使，未必如然，一句法師，妄希隨後云。時

大明萬曆四十二年歲在甲寅　會稽古雲門顯聖寺住持湛然圓澄撰

四七　思益梵天所問經簡注序

明·湛然圓澄

夫、真心本淨，法性原虛！由不守自性，而變現隨緣；迷逐無明，而罔知返本。是以大覺世尊，嗟衆生之沈滯，憫六道之循環，於是起同體之悲，設無爲之化！雖則湛湛忘言，而圓音落落；空空無物，而妙相重重。如月印寒空，而百川並赴；春回大地，而萬化均資！本無來往，寧越後先；良由羣機不等，致使巧說多方。或圓彰法界之宗；或漸開事理之轍；或破有譚空；或呵空讚妙。無非方便一時，曾無定說！若夫黜意識、絕言思、泯聖凡、超階級，直指人心，頓同佛體：其惟《思益梵天所問經》歟！

此經四卷二十四品。以人、法兼舉爲名；根本智光爲體；諸法正性爲宗；破疑蕩執爲用；大乘生酥爲教相。互興問答，始末一如。大意以無說爲說，無聞爲聞，無發心之爲發心，無證果是名證果。遠離虛妄，迥出有無。雷輝電掃，而纖跡不存；事極理玄，而真心獨朗。然則，《楞伽》亦名頓教，何以偏讚此經？蓋由彼帶相宗，此原性理：雖云即相明心，何似了心見道。彼因達摩付囑，舉世弘持；此爲久匿藏中，絕無人識！所以徒知《楞伽》可尚，安識此法最尊！

爾來遐當末季，法運將隆，根熟在時，知音始遇。有大居士慎軒黃君，秉護法心，不忘付囑，運慈悲念，刻此流通。余客京師，大史陶君，大開寶藏，施我衣珠。披閱再三，粗明大旨。聊爲簡注，不避效顰。文採肇公，論依長者。心祈勝善，款此通途。挈領提綱，俟諸知識。若也親契佛心，不由文字；洞明己事，豈在言詮！其或離波求水，智者知狂；認影迷頭，愚夫亦誚。不拒言、不著言，拈來盡是；即此物，非此物，用處休疑。心融意解，予復何言！識節知時，君當自擇。時

大明萬曆三十一年歲在癸卯季春　越中顯聖寺後學沙門嗣曹洞正宗第二七代　圓澄註并序

四八　唯識集解自序

明・一雨通潤

一代時教，雖逗機不同，戶牖各別，要其所歸，性相二字，該括無遺矣。曷謂性？謂不生滅，無去來，離四句，絕百非者是。《楞伽》所謂寂滅一心，《楞嚴》所謂清淨覺性也。

曷謂相？即清淨覺性中，瞥爾不覺，遂流而爲識，結而爲色，膠而爲執，蕩而爲空。於是：色法分爲十一，則有：眼、耳、鼻、舌、色、聲、香、味等相生焉。心法分而爲八，則有了別之相出焉。心所法分而爲五十一，則有觸等、欲等、貪痴等相出焉。不相應法分爲二十四，則有得失、生滅等相出焉。無爲法分而爲六，則有虛空、擇滅等相出焉。百法叢生，衆相橫出，清淨覺性，鬱而不揚矣。

於是凡夫見相而不見性，用識而不用智，根、塵、識三，交馳互逸，頭頭羈紲，處處粘著。外道、小乘，迷頭認影，不達自心，謬執心外實有諸法，復執諸法實有自性，向空華上，分淡分濃，於兔角邊，較長較短，部黨羣分，互相牴角，此大乘唯識正宗立、破之義所由作也！

且此論以唯識爲宗者：謂色等十一法，是所緣唯識故；識等八法，是自性唯識故；心所五十一法，是相應唯識故；不相應二十四法，是分位唯識故；無爲六法，是識性唯識故。是知五位百法，統名唯識，離識之外，無片事可得，故以唯識標宗也。

以立、破爲義者：如立色等十一法，爲所緣唯識者，是破外道、小乘，計心外實有諸法也。立八種識爲自性唯識者，是破小乘執六識、三毒爲生死因；數論、勝論等，計神我、勝性等爲生死因；及一類菩薩，撥識亦無之執也。立五十一心所法爲相應唯識者，是破小乘悞執離心無別心所之執也。立二十四不相應法爲分位唯識，及無爲法爲實性唯識者，是破小乘執得等、虛空等爲實有自性也。復立十因、四緣爲生起因者，是破自然外道無因而生諸法也。是故，索其旨趣，究其始終，皆以立、破爲義。

立、破之義既成，則知萬法元從己出，不自外來，悉假緣生，亦非實有。於是九十六種外道，悉豎降旗，一十八部小乘，爭扶象轍。乘其啓窾（同款，空也），導入無疵，授以新方，驅其痼疾。是以收百法歸相、見；攝相、見屬依他。若從依他而執我、執法，則没溺痴河；若了依他元無自性，則優游覺海。故復明轉識成智，束智爲身也。

嗚呼！古尊宿見性之後，或棒，或喝，或伸，或欠，或拈搥竪拂，或吐舌揚眉，或張弓架箭，或舞笏輥毬，或掀倒禪床，或趯翻飯桶，或作驢鳴，或爲犬吠，無非遊戲神通，發明般若者，莫不皆從相中打出，識裡透來。故全相是性，全識是智，方得真實受用，左右逢原，隨流得妙，誰謂相宗非要哉！

是知性之不明者，相之不徹也。故欲明性，先須徹相；相徹而後性自明矣。今見性者既不可得，而復弁髦（喻不相干）其相！問其性，則指胸、點舌、竪臂、擎拳，曰：無非是道。問其相，則口如匾擔，眼似流星，曰：我無用此。顢頇儱侗，甘坐自欺。諸佛慧燈，於兹漸熄，不亦大可哀邪！

然此論自奘師糅成之後，口授基師，基師作疏以釋其義。當爾時，耳提面命，家喻戸曉，故自唐以來，弘之者廣，而見性者如麻似粟，觸處皆是。至我明而疏義湮没，此論亦寘（同置）之高閣，相宗一脈，黯然不彰，即見性亦如麟角。故知見性雖不在相，實由徹相以見性。是則相宗爲見性之明燈，亦是欲到菩提法性城中一本路程圖也，惡可少哉！

潤自落髮披緇，濫厠講場，即與二、三同志，窺其門戶。第根性鈍遲，而聞見復寡！於易了處，一句入心，如渴沾甘露，津津有味；忽遇聱牙詰曲處，則喻如嚼蠟。故旋閱旋止。後披《宗鏡》，始得斬其疑關，抽其暗鑰。從是徧探《楞伽》、《深密》等經，《瑜伽》、《顯揚》、《廣百》、《雜集》、《俱舍》、《因明》等論，及大經疏鈔，其中凡與此論相應者，輙手錄之。間有眼力未及者，必參之有識，方始搊（提也）管。積有數年，彙成此解。實不欲以臆説誤人，故命之曰：《集解》。

第願後之學者，藉是解而了相，而破相，而離相，則幸矣！若據是解而泥相，則蛇足之誚，余復何辭！

是解也，自巳酉冬，於虞之秋水菴，輯成六卷；至辛亥夏日，於湖之福山蘭若，續成四卷。續成而捐貲請刻者，雲山居士覺僊也。時

萬曆壬子夏日　書于藤溪之草堂

四九 楞伽經合轍自序

明・一雨通潤

《易》曰：「盈天地之間者唯萬物。」然則萬物之在天地者雖多，而名相一言，可以盡蔽！

今夫世之人，以高明者爲天，厚載者爲地，巍然突起者爲山，汪洋乎演者爲江、海、川、瀆，飛者爲鳥，躍者爲魚，走者爲獸，林林、總總、蔚蔚、葱葱者爲草木。夫高明者是相，而天即名也；博厚者是相，而地即名也；巍然突起者是相，而山即名也；汪洋滉漾者是相，而江、海、川、瀆即名也；飛、躍是相，而魚、鳥即名也；奔馳是相，而獸即名也；林林、總總者是相，而草木即名也。故知天地之大，萬物之多，統而論之，皆屬名相，更無別法！

是以，天不自知爲高明，地不自知爲廣厚，山不自知爲突起，水不自知爲汪洋，魚鳥不自知爲飛躍，獸不自知爲奔馳，草木不自知爲蓊鬱；然而必以高明者爲天，博厚者爲地，突起者爲山，汪洋者爲江、海、川、瀆，飛者爲鳥，躍者爲魚，馳者爲獸，總總、林林者爲草木，一定而不可移者何？居皆是與天地並立，而爲萬物之最靈者名之曰人，是人與天地萬物，安種種名，立種種相，謂之妄想建立；又謂之意言境。其實天地萬物，未始有種種相，亦未始有種種名也！

名相既立，於是乎卑高陳焉，貴賤位焉，有無傾焉，妍醜出焉，彼此立焉，是非興焉！於是乎，執此名非彼名，執此相非彼相；而彼彼、此此、是是、非非、森然柴立於心目之間矣！其中有具正法眼者，以法眼觀，了知天地萬物，種種名相，原從我人妄想建立，本非實有，本自如如！故雖孑然雜處於天地萬物之中，而天地萬物，種種名相，不能眩惑其耳目；而能會天地萬物，皆歸於自己！不以彼爲彼，不以此爲此，不以是爲是，不以非爲非；故天地如，萬物如，而人我亦如！於是乎：指芥子爲須彌亦可，殤子爲壽亦可，呼馬爲牛亦可，指天作地亦可。以能真見天地同根、萬物一體！不見有絲毫異名、異相爲障、爲礙。故能得意生身，隨心自在，旁礴於萬物之內，而物莫能拘者，由此道也！

是知名相皆生乎妄想；而能了名相本非實有者，名正智、如如。此名相所以爲凡聖之通衢也。

此經所詮，除五法外，雖別開三自性、八識、二無我。然皆不出五法！

所謂五法者，謂名、相，妄想、真智、如如。言八識者，謂眼識、耳識、鼻識、舌識、身識、意識、末那識、含藏識也。言三性者，謂妄想自性、緣起自性、成自性也。二無我者，謂人無我、法無我也。

蓋八識是名、相，是妄想；轉八識成智即是正智，是如如。此即八識亦五法也。

緣起自性即名、相；妄想自性即妄想；成自性即正智、如如。即三自性亦五法也。

於名、相上，執我、執法；執即妄想；我、法即名相；若以正智了此我、法本空，即證二空無我之真如。是則我與無我，亦五法也。

故舉五法，而天地萬物，乃至世間、出世間、出世間上上法，統攝無遺矣。故經云：「三種自性，及八種識，二種無我，悉入五法。」又云：「此五法者，聲聞、緣覺、菩薩，及如來自覺聖智、諸地相續次第、一切佛法，悉入其中。」是知盈天地之間者唯萬物；而天地萬物不出名相！異生之所迷者迷此；諸聖之所悟者悟此。何以故?以執名相爲實有，而分彼此，起是非；由彼此、是非皆屬妄想，以從妄想故說爲迷、爲異生。若了名相本空，妄想非有，則爲正智，爲如如；以從如如、正智，故說爲悟，爲諸聖。此則不唯名無定名，相無定相，即凡聖亦無定位，亦屬名相建立！故一舉名相，而五法立；五法立而一心顯；一心顯而一切佛法皆入其中矣！初祖達磨云：「《楞伽》四卷可以印心。」是則此經佛佛授手，祖祖相傳之心印；如來禪、祖師禪之所自出！故以佛語心爲宗也。

第此經，四教並攝，性相通收。然性相二宗，雖堂皇無異，而戶牖各開。從上諸師解此經者，或依性以解相；而宗相者，則執相以難性。或依相以解性；而宗性者，則執性以破相。故主馬鳴者賓護法；宗護法者詆馬鳴。所謂操戈入室，禍越蕭牆！此皆不達唯心、唯識之宗，一而二，二而一者也。故凡值經之性相分途處，雙引性相併釋之；皎如星月，各有指歸。務令性相二宗，如車兩輪，並行不悖，此余之深意也。故命名合轍。若由此轍而登路，由此路而登不可往之楞伽山頂，則一躂可到，尚何艱險之有哉！時

天啟辛酉歲夏五端陽後三日　書于天界講堂二楞庵　釋通潤謹識

五〇　大乘起信論續疏自序

明・一雨通潤

大雄氏現相人中，雖說無量法門，若統其歸趣，唯是一心；若滙其流派，則有三宗，曰法相，曰破相，曰法性而已。

言法相者，謂依生滅八識，建五位、開百法、立三性、分二我。行必資於漸滿，惑必期乎漸斷，果必立乎三祇。故有六度可修，有無明可克，有菩提可證。其于教也，爲漸。此法相之大旨也。

言破相者，謂依寂滅一心，直顯真性，不說法相，一切所有，唯是妄想，一切法界，唯是絕言。五法、三自性俱空，八識、二無我悉遣，訶教勸離，毀相泯心，生心即妄，不生即佛，無六度可修，無無明可克，無菩提可證。其于教也，爲頓。此破相之大旨也。

若夫法性者，統依寂滅一心，而有六粗三細。故開真如門，以顯空諸所有；立生滅門，以明實諸所無。雖真如廓爾，而果報不失；雖惑、業紛綸，而法性不動。

即性即相，即空即有，即妄即真。其于教也，爲頓悟漸修。此法性之大旨也。

故宗法相者，謂真如不變，不許隨緣。但說萬法皆從識變，而事事俱有。其弊也，流而爲常，爲執著宗。

破相者，謂緣生之法，不入法性，故說三界唯是一心。而法法皆空。其弊也，流而爲斷，爲莽蕩宗。

法性者，謂真如不變，隨緣而能成一切法：故無法法俱空之弊。由真如隨緣不變，而能泯一切法，故無事事俱有之偏。此則空、有迭彰，執、蕩雙遣。故知：即萬法以顯有者，爲妙有；離萬法以顯空者，爲真空；不即不離以顯中者，即真空以顯妙有，故雖空而不空；即妙有以顯真空，故雖有而不有。

然前之二宗，雖建立不同，各有妙旨，而馬鳴總以一心九識統之，若鼎之三足，伊之三點，不縱不橫，不離不即，實與《楞嚴》一心三觀之旨，並行不悖！此馬鳴一《論》，尤爲圓通無礙獨出無對者也。

是《論》之作菩薩有釋，賢首有疏，永明主此《論》而作《宗鏡》。故集《宗鏡》中互相發明者，作《續疏》。言《續疏》者，是續賢首之疏，以顯不外賢首，亦不盡賢首也。其中以有法立總別三量爲一論提綱，智者即量以通論，則不唯了法性一宗，併可了法相、破相二宗也已。

五一　合釋維摩、思益二經自序

明・一雨通潤

淨名從妙喜國入娑婆界，示疾毗耶離城，而與三十二菩薩對談不二，發明見性成佛之旨。故其言曰：「夫求法者，不著佛求，不著法求，不著僧求；於一切法應無所求，是名求法。」又云：「菩薩行于非道，是爲通達佛道。」思益梵天從清潔國入堪忍界，與網明、普華、等行，諸大菩薩揚摧聖凡平等之道，故其言曰：「我不欲令凡夫、聖人而有差別。」又云：「佛不令衆生出生死入涅槃；但爲度妄想分別生死、涅槃二見耳。」夫不二即平等之異名；平等即不二之別號。此二老者，一現天身說法，一現人身說法。由其心同、眼同，故說法等無有異。所謂在天而天，在人而人，其所闡揚者，即：非天、非人；能人、能天之法也！

且夫生死、涅槃、凡夫、聖賢諸對待法，若以相言，不啻雲泥之隔；若以性言，則含蠢靈知與如來靈覺，毫無別異。但爲妄習所迷，自生障蔽，不能親見靈光獨耀之物，而自愚自蠢！故勞我世尊，及大菩薩，脫珍著敝，隱其自在威神之力，隨類現身，隨機說法。或淨法說垢，或垢法說淨，縱奪激揚，無非欲令親見自己本來平等不二之法而已！實無一法與人也！所以黃面老子，末後拈花以示迦葉，爲密傳心印；豈知方等會中，已被淨名一默，盡情泄漏！於《思益經》中，如來與等行菩薩，復將一默之旨盡力發揮，殆無餘蘊！

此二經者，實禪宗之血脈，諸佛之心髓也！乃今學禪者，類以依經解義，三世佛冤二語爲準的，視一代時教，等之砒霜酖毒，皆庋而束之高閣；却又認宗門石火電光諸方便語，以爲實法，朝咀暮嚼，沈面濡首。豈知傳燈諸大老者，種種激揚，總是淨法說垢，垢法說淨之旨，亦無實法與人。而愚者分河飲水，妄生同異。是知有雲、仍，而不知有衆父父也！是何異讀軻、伋之書，而以仲尼之所說爲非也。

今合釋二經，俾知天之所證即人之所說，人之所證即天之所說；而天人實無二也。知天人之不二，即知生死、涅槃無二；知生死、涅槃無二，則知一切法若聖、若凡等無有二；知一切法等無有二，即知一切語言文字皆解脫相，亦無有二；知一切語言文字皆解脫相，則知如來所說一大藏教與千七百則陳爛葛藤等無有二——而聾騃無識者，又安用妄生穿鑿，取舍於其間哉。

二棱比丘通潤撰

五二　大方廣圓覺修多羅了義經近釋（敘大意）

明・一雨通潤

體無不徧曰大；法無不備曰方；用無不具曰廣。故清涼云：「大以曠兼無際；方以正法自持；用則稱體而週。」具此三義，故名《圓覺》。修多羅此云契經，謂契理、契機故。契經中有了義、不了義。如來為人、天、二乘，說不了義教，以器小不能擔荷大法，故說唯佛一人獨得覺性。為菩薩說了義教，以根大能擔荷大法，故說一切衆生皆得作佛。然對機說教雖各不同，而契理、契機，實無有二。

此經直顯一切衆生本來成佛，名為圓覺，直截分明，毫無隱覆；此則契經中了義契經，非不了義契經也。然圓覺二字，義匪一途；故下文約十二義以發明，而義始備。如：

〈文殊章〉云：「有大陀羅尼，名曰圓覺。」又云：「彼知覺者，猶如虛空。」此則直指衆生心體如如不動、了了常知者，為圓覺也。

〈普賢章〉云：「一切衆生，種種幻化，皆生如來圓覺妙心。」此指根身、器界，及界內、界外二種無明，併種種幻智，皆從圓覺妙心流出。此約出生凡聖、染淨二法名圓覺也。

〈普眼章〉中，顯四大、六根、六塵、六識；乃至十力、四無所畏，悉皆清淨，徧滿不動，始知衆生本來成佛者。此約凡聖、染淨，悉皆具足如來平等圓滿覺性，根根塵塵周徧法界，名圓覺也。

〈金剛藏章〉：「一切如來妙圓覺性，本無菩提及與涅槃，亦無成佛及不成佛，無妄輪迴及非輪迴者。此約染淨、聖凡纖塵不立，名圓覺也。」

〈彌勒章〉中：「由本貪欲，發揮無明，顯出五性差別不等；依二種障，而現深淺者。此約衆生皆證圓覺，本無差別；由隨染緣，而有二障，故有六凡；由隨淨緣，而證二空，故有四聖。於無差別處，而現差別，以顯不變隨緣、如摩尼之現五色，爲圓覺也。」

〈清淨慧章〉：「若遇善友，教令開悟淨圓覺性，發明起滅，即知此生，性自勞慮，勞慮永斷，得法界淨，此名凡夫隨順覺性等者。此約：五性差別不等，實無差別！以顯隨緣不變，名圓覺也。」

〈威德章〉：「若諸菩薩，悟淨圓覺，以淨覺心取靜爲行，名奢摩他；起變化行，名三摩提；隨順寂滅，名爲禪那。乃至辯音章中：單、複、圓修等者，此約一心三觀：即空、即假、即中名圓覺也。」

〈淨諸業障章〉：「真顯衆生覺性本淨，皆由耽著我、人、衆生、壽者四相，生愛，生憎，爲障，爲礙，不能入清淨覺。必須斷盡四相，一切寂滅，覺性始圓，名圓覺也。」

〈普覺章〉：「所問求何等人？依何等法？行何等行？除去何病？云何發心者？——要須事事明了，毫無錯謬，名圓覺也。」

〈圓覺章〉：「以大圓覺爲我伽藍，身心安居平等性智者。謂具如上種種深義，方得渾身安住圓覺伽藍，故名圓覺。」

〈賢善首章〉：「具上衆義，證此五名，方稱無上法王爲賢善首，故名圓覺。」故知十二菩薩，綸貫一經；圓覺二字，通該衆義。豈可以一知一見，便謂盡圓覺哉。

故題中既標圓覺，又稱了義：正顯性、相雙陳；理、惑並闡；圓融、行布，兩不相妨。始是如來稱性至極之深談耳。

五三　成唯識論俗詮序

明・吳用先

眾生念念執我，在在執法，古佛語之曰：「無勞執也！此唯識耳。」遮執之談，何關表識！而逐影伺聲之流，乃至望識幢而生執，又多乎哉。

夫識，真如之病與夢也。病與夢，誠非無，顧何得言誠是有！吾求之始，大覺湛澄，識於何生？吾求之終，佛智歷然，識向何滅？言思路絕，擬議道窮：坐見八識，恍然墮矣！墮即名轉，義不等於斡旋；轉即是智境，非立於待對。未轉，通智全體是識，病外無身；既轉，通識全體是智，覺來無夢。故曰：「若執唯識真實有者，如執外境，亦是法執。」遮唯識也。

如是，則天親不得已以有頌，而護法不得已以有論，高原上人亦不得已而有俗詮乎。俗表非真，詮表非實；以非真非實之談，顯非真非實之識，正復衮衮（多也），乃得無過。明夫治病者，即倩病之精神；醒夢者，不離夢之餘境。雖鈍根滯器，莫施數沙之能；未許粗禪，拂以狂慧矣。

五四　楞伽、楞嚴合轍小引

明・吳用先

夫談性宗者，多落理圈繢；談相宗者，多落事圈繢。不知相即是性，性外無相；如波即是水，水外無波∴真空妙有，理事無礙，此不二法門也。

《楞伽》有以相宗目之者，而達摩西來，持此爲傳佛心印。蓋以三界唯心，萬法唯識，但能了藏識即如來藏，則知自心所現虛妄之相，本無自性，本自無生，即得自覺聖智境界。此直指一心，不落階級，爲大乘頓教也。

若夫《楞嚴》，爲如來密因修證了義，真可以總攝諸經。其所指六根、六塵、七大、十二處、十八界豈不涉相。而《經》云：「諸法所生，唯心所現。」譬如空華，畢竟無體！了知幻妄，即自歸真。捨此生滅心，更無涅槃妙心耳。故曰：「根塵同源，縛脫無二。」一切事究竟堅固，即一切理究竟堅固；非謂破相而後爲真也。

通乎此者，豈惟二經合轍，即一大藏教，同出一軌矣。一雨禪師冥契真詮，洞徹心鏡，登壇說法，非止一會，在在能發明心性，令人開正知見，絕非時師飣餖

（音豆釘：謂餅餌累積如釘坐也；謂文辭因襲堆砌）摭拾，以應期場者比！頃卓錫天界，緇、白歸依，上首西竺，請其所著《楞伽》、《楞嚴》二經合轍出以示人。余諦觀之，直截通暢，性相圓融，一掃葛藤。真義海之指南，闇室之明燭也！西竺募諸同志，刻而廣其傳，屬不佞爲之序。且樂助之。

天啟元年孟冬朔　浮渡居士吳用先和南撰

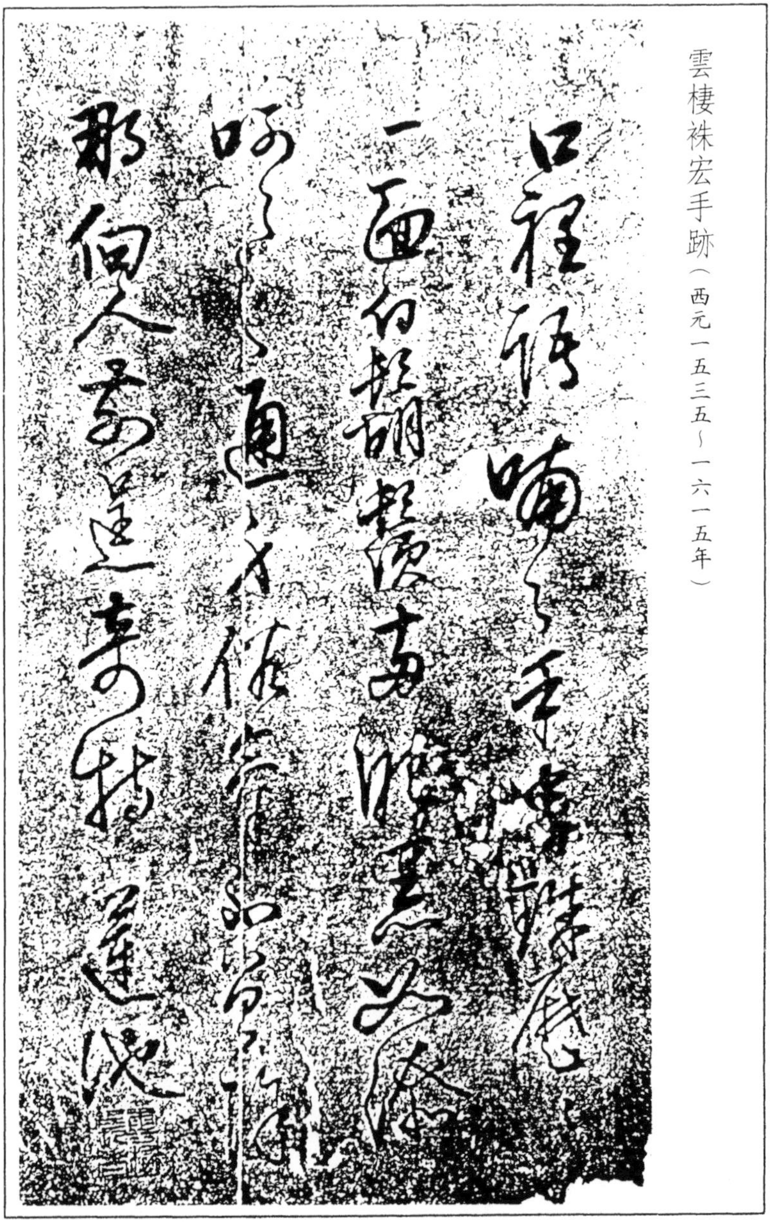

雲棲袾宏手跡（西元一五三五～一六一五年）

憨山德清手跡（西元一五四六～一六二三年）

六詠詩

金翅鳥命終骨肉盡銷
散唯有心不化圓明光
燦爛龍王取為珠照

五五　題楞嚴疏解後

明・樂純思白

佛弟子極聰明者，莫如阿難。大凡聰明之人極是誤事！何以故？惟聰明生意見；意見一生，便不忍割捨。往往溺于愛河慾海者，皆極聰明之人。阿難惟聰明之極，不忍捨割，直至迦葉時，方得度爲第二祖。然必待迦葉力擯，不與語言，又待大衆星散，視之如仇，故阿難慌忙無措，及至無可奈何之極，然後捨卻從前見解，方乃印可迦葉，傳法爲第二祖。設使阿難猶有一毫聰明可倚，何以悟此妄身其微如塵，其幻如漚；其不溺于愛河慾海者幾希……故佛說《楞嚴》，無非爲阿難聰明難捨，開方便門，種種曉諭，直使還其本來面目：真于愛河慾海中接引援拔也！

陸象山有言：「此理，與溺于利欲之人，即易入，與溺于意見之人言難入。」人謂象山之學近禪，豈謂是歟！不知學無禪、儒，妄自分別。此有宋諸儒，不唯意見用事，亦復利慾昏心；試參《楞嚴》，必不妄生分別，打破異同！

古閩　樂純思白又撰

五六　刻圓覺經解後跋

明・憨山德清

法身流轉五道，名曰衆生。是則衆生清淨覺地，即諸佛本起因地！但以無明障蔽，日用而不知。故勞我世尊，特特現身三界，俯順羣機，指示各人本有佛性！以衆生迷來久矣，無明日厚，障蔽日深，非觀照無以通之。故設三觀妙門，爲悟心之要。良由根鈍，不能圓修故，散出一代時中，初說空觀，以破見愛煩惱；次說假觀，以破塵沙；後說中觀，以破無明。又以先後歷別漸次，不能圓證一心，故說《首楞嚴》大定、以統攝三觀，圓照一心，頓破無明，是爲圓頓法門。然其文該三藏，教攝五時，十界聖凡，迷悟因果，纖悉備殫，而學者智淺心麤，以文廣義幽，艱澀難通，況離言得意，妙契一心者乎！若夫至簡而精，至切而要者，無尚圓覺之最勝法門也！其文不過一萬三千餘言，統攝無邊教海，該羅法界圓宗，徹一心之源，歷三觀之旨。偏、正互換，單、複圓修，搜窮妄宰，批剝禪病，而悟心妙門，一超直入，是所謂法界之真經，成佛之妙行也。頓悟頓證，如觀掌果；西來直指，祕密妙義，此外無餘蘊矣！凡學佛者，莫不以此爲指南。

昔圭峯禪師著有《略疏》，則似簡；別有《小鈔》，若太繁。然文有所捍格，則義有所不達；義不達，則理觀難明；理觀不明，則恍忽枝歧，而無決定之趣矣！予山居禪暇，時一展卷，深有慨焉，於是祖疏義而直通經文，貴了佛意而不事文言，故作直解，以結法緣。

草成，適新安覺我居士程君夢暘，聞而欣仰，乃因居士吳啓高特請以梓之。予因嘆曰：「佛說持四句偈，勝施恆沙七寶之福。」以寶乃有漏之因，法乃成佛之本，較之天淵！此吾佛金口稱讚也。程君法施之福無量，當與虛空等矣！敬題於後，令觀者知所自云。時

天啟二年歲次壬戌仲夏望日　中興曹溪嗣法沙門憨山釋德清撰

五七　大乘百法明門論義（釋題）

明・憨山德清

佛說一大藏教，只是說破三界唯心，萬法唯識。及佛滅後，弘法菩薩解釋教義，依唯心立性宗，依唯識立相宗。各豎門庭，甚至分河飲水，而性相二宗，不能融通，非今日矣。

唯馬鳴大師作《起信論》，會相歸性，以顯一心迷悟差別。依一心法，立二種門：謂心真如門、心生滅門。良以寂滅一心，不屬迷悟，體絕聖凡。今有聖凡二路者，是由一心真妄、迷悟之分，故以二門，為聖凡之本。故立真如門，顯不迷之體。立生滅門，顯一心有隨緣、染淨之用；如知一切聖凡、修證、迷悟、因果，皆生滅門收。其末後拈華為教外別傳之旨，乃直指一心，本非迷悟，不屬聖凡，今達摩所傳禪宗是也！其教中修行，原依一心開示，其所證入，依生滅門，悟至真如門，以為極則；其唯識所說十種真如，正是對生滅門所立之真如耳。是知相宗唯識，定要會歸一心為極。此唯《楞嚴》所說一路涅槃門，乃二宗之究竟也。

學人不知其源，至談唯識一宗，專在名相上作活計。不知聖人密意，要人識破妄相，以會歸一心耳。故今依生滅門中，以不生滅與生滅和合成阿賴耶識，變起根身、器界，以示迷悟之源。了此歸源無二，則妙悟一心，如指諸掌矣。

相宗百法者，正的示萬法唯識之旨也！以不生滅心與生滅和合成阿賴耶識，以此識有覺、不覺義。其覺義者，乃一心真如，爲一切衆生正因佛性。其不覺義者，乃根本無明，迷此一心，而成識體。故此識有三分，謂自證分、見分、相分；又一師立四分，增證自證分。

其證自證分，即不迷之真如；其自證分，乃真如一分迷中之佛性，是爲本覺，以衆生雖迷，而本自佛性不失不壞，以有真如自體可證，故云自證。良由一心真如，有大智慧光明義故，今迷而爲識，以湛寂之體，忽生一念，迷本圓明，則將本有無相之真如，變起虛空、四大之妄相，名爲相分。將本有之智光，變爲能見之妄見，是爲見分。是知一切衆生世界有相之萬法，皆依八識見、相二分之所建立。故云：「萬法唯識。」此實相宗之本源也。

今唯識宗，但言百法者，始因彌勒菩薩修唯識觀，見得萬法廣博，鈍根衆生，難以修習，故就萬法中最切要者，特出六百六十法，造《瑜伽師地論》以發明之；可謂簡矣。及至天親菩薩，從兜率禀受彌勒相宗法門，又見其繁，乃就六百六十法中，提出綱要，總成百法，已盡大乘奧義，故造論曰：《百法明門》。謂明此百法，可入大乘之門矣。故欲知唯識，要先明此百法，以此百法乃八識所變耳。以一切衆生，皆依此識，而有生死；三乘聖人，皆依此識而有修證，通名世出世法，即此百法收盡。

五八　永嘉禪宗集註序

明・無盡傳燈

噫，甚矣哉！含生昏動之爲病也，日則擾擾以勞其神，夜則蠢蠢以蔽其靈。譬鉛槧（槧者，削木為牘也，鉛者，鉛粉筆也）以割泥，泥無所成，而槧就日損；醇醪（濃厚之酒也）以解酲（酲音呈，病酒也），酲無所解，而明就日蒙。既以生生而漸就其死，亦以死死而轉勞其生，三界輪迴，何時已矣！六道昇沈，無日暫停：言之實增太息，思之誠可流涕者矣！

將受形于宇宙，禀質于陰陽，隨氣運之開闔，逐歲時之迎將——故日往暮來，天地之一大昏動也；春生冬藏，陰陽之一大昏動也；出作、入息，人生之一大昏動也；晝醒夜眠，此心之一大昏動也；乍憶乍忘，刹那之一大昏動也。慨人生以暮夜之小死，博重泉之大睡；以晨興之小生，致將來之勞生。噫，昏動之勞于生，不亦甚乎哉！

然而，果天地陰陽之使我其然耶？抑吾性覺妙明之使天地陰陽其然耶？

苟先本而後末，則吾將宗之《楞嚴》矣。經曰：「性覺必明，妄爲明覺，晦昧爲空，空晦暗中，結暗爲色，色雜妄想，想相爲身，聚緣内搖，趣外奔逸，昏擾擾相，以爲心性。」則先性靈，而後天地矣。

苟先末而後本，則吾又將宗諸《中庸》。《中庸》曰：「天命之謂性，率性之謂道。」宋儒又曰：「天生萬物，唯人最靈。」則先天地，而後性靈矣。

苟將謀其合而同之，會而歸之，則必又有乎所指。《中庸》則曰：「致中和，天地位焉，萬物育焉。」《楞嚴》則曰：「一人發真歸元，十方虛空悉皆銷殞。」生育、銷殞，旨雖不同，先本、後末，其歸一揆。第世人昧之弗覺，迷而忘返，不爲之苦，而反爲之樂；不爲之病，而反爲之藥。且曰：「道在其中。」其如煩惱生死何？道不終否？

過億萬斯年，而有大覺聖人者，出生天竺國，號釋迦文，修行曠劫，道成一生。其爲法身也，含裹十虛；其爲智慧也，亘通三際。復明靜以爲其體，起醒寂以爲其用，揭慧照于昏衢，長夜不能翳其明；回寂定于塵網，萬物不能擾其清；天地之所不能覆載，陰陽之所不能遷移。往哲所謂：能天、能地、能陰、能陽、能爲萬物宰、不逐四時凋。不徒空談其理，實能克復其本，亦唯佛而已矣。或由是以放光動地，由是而絕跡潛神，由是而靈鷲雷音，由是而摩竭掩室；以說、以默、即體、即用，莫非弘揚定慧之宗，闡明止觀之法。蓋藥緣病生，神因藥返，既以惺寂而治其昏動，又以定慧，而復其明靜。雖千佛而不能異其因，羣聖而不能殊其致者矣！

自靈山授記，霜樹潛輝，道逐緣興，燈傳迦葉，十三傳而至龍樹，二十三傳而至師子。龍樹者，法中香衆，人中大龍，既以《智度》闡般若之宗，復用《中論》，傳智度之旨。論度淮河，慧文穎悟，遙宗龍樹，創爲心宗，以是而傳于南嶽。嶽七年方等，九旬常坐，一時圓證，以是傳于天台。天台靈山夙聞，大蘇妙悟，以無礙智，縱辯宣揚；已宗法華而爲之教，更闡止觀，以爲之行，解行兩善，目足兼美。讚者曰：「智者具八相以成道，人稱爲東土小釋迦。止觀立十法以爲乘，義合乎西天大佛頂。」洵實德也，豈虛語哉！天台傳章安；章安傳法華；法華傳天宮、天宮、則真覺（永嘉真覺）大師之所承嗣者也。

師從止觀悟入，淨名旁通，南印曹溪，師資道合。則此集者，乃大師還甌江時之所譔、所述，以明授受之際，心宗的旨。是以一言三復，諄諄止觀，其所發明，亦可謂之詳矣。

於戲！夫性以不二爲宗，心以無差爲旨，此禪、教之所公共者也。果離教而有禪耶？離禪而有教耶？《淨名》曰：「無離文字以說解脫。」《仁王》曰：「總持無文字，文字顯總持。」合是二說，余將進之以山河及大地，一法之所印矣。

然而，道猶水也，傳猶流也！始則合而未離，吾將質之釋迦，同耶？異耶？中則離而未合，吾將質之諸禪教得道諸祖，同耶？異耶？末則離而復合，異而歸同，吾又將質諸真覺大師之爲是集矣。余謂微此集，則禪教始終而不合；微此旨，則如來心宗卒不明。然則異之者迹也，同之者本也；迷之，則執迹以忘本，悟之則得本而略迹。本、跡兼泯，禪、教兩融，余又將質諸永明大師之《宗鏡》矣。

茲因注次，序而原之，讀者請去跡以求本，則止觀之道得矣。馬僧摩正眼居士，永嘉之繼起者也，意謂微余天台雲，仍莫能盡大師止觀之旨，故不遠致書，索余注出，其用意亦可謂之勤矣。并志其所由來，庶了知是注之顛末云。

皇明天啓二年歲次壬戌孟秋哉生明　天台幽谿沙門傳天台教觀遠孫傳燈　著于楞嚴壇之東方不瞬堂

五九　維摩詰所說經無我疏序

明・無盡傳燈

《維摩詰所說經》者，蓋大乘圓頓教中通方之妙典也！曷以言之？正以如來五時施教，各有專門！如《華嚴》則專於頓；《阿含》則專於小；《般若》則專於空；《法華》則專於圓；《涅槃》則專於常；至若《方等》，得無所專、無所而不專，已爲通方之時。適此經說於《方等》，得無所專，無所而不專之正。故曰：大乘圓頓通方之妙典也。

如寶積長者之讚佛偈云：

說法不有亦不無，以因緣故諸法生。
無我無造無受者，善惡之業亦不亡。

此則專於圓，而得兼《華嚴》、《法華》、《般若》、《涅槃》之教也。

又曰：

始坐佛樹力降魔，得甘露滅覺道成，

以無心意無受行，而悉摧伏諸外道。
三轉法輪於大千，其輪本來常清淨，
天人得道此為證，三寶於是現世間。

此則專於小，而得攝取於《阿含》之小教也。

又曰：

佛以一音演說法，眾生隨類各得解，
皆謂世尊同其語，斯則神力不共法。

至云：

佛以一音演說法，或有恐畏或歡喜，
或生厭離或斷疑，斯則神力不共法。

此則正專於《方等》，而得遍攝圓、頓、祕密、不定大乘諸教矣！故曰：無所專、無所而不專也。

或遂難曰：「此經既無所專，無所而不專，豈亦具足偏、漸諸小教乎？」對曰：「非然也，既曰無所專，豈專於小及偏、漸？然而又曰無所不專：則是破小以成大，融偏以歸圓，會漸以爲頓。如須彌攝色，咸成帝青；如意雨珍，悉爲寶藏。

無所專、無所而不專，其在是乎！」此非囈言，入經自見。讀是經者，儻一遇此，苟能以是而融會之，則若大、若小、若圓、若偏，莫不歸於此經了義之正轍也。……題之為《維摩詰所說經無我疏》，意用儒童之不我，以御龜氏之二無。獨不委閱者，果以老僧之疏為奚如也。

皇明天啟五年歲次乙丑季春望前五日　天台山幽溪沙門傳燈　下筆於楞嚴壇東方之不瞬堂

六〇 佛祖綱目序

明・董其昌

余不佞，浮沈史局，垂五十年，而知古今事，無更難於史者。無論正史難，即偏記、小錄亦難。無論稗史難，即瑣語、雜簿亦難。若更進而史天、史地，又進而史仙、史佛；自非以山河爲法身，以人天爲手眼者，未有能撮其要，而薈其成者也。心空居士，以三十年精力，彙爲《佛祖綱目》一書，於是梵綱有總持，法門有紀載，宗教有源流，廢興有考覈，而合之則曰：此七佛以來，一部大史也。

（劉）宋、元徽中，王儉爲七志，僅以佛書，附圖譜之末。梁初，命任昉等，於文德殿，列藏衆書，於華林園，另集釋典。其後阮孝緒，博采經籍，獨尊佛錄，於七錄之外；然亦不過資博覽、示瑰異而已。唐、宋以來，宗學熾盛，枝葉各分，自《景德傳燈錄》出，續之者，至合爲《五燈》。於是曹溪之後，思（青原行思）、讓（南嶽懷讓）再分；馬祖以來，五宗各顯。至宋僧志磐，別立教宗，以法華爲經，天台爲統，止觀爲門：此《佛祖統紀》所繇作也。迨元僧念常，復作《通載》，名依統紀，而立例則殊，始用史家編年之法。其意以宗爲主，以教爲輔，凡淨行、神足、性相、義觀，無所不備。而識者摘其漏誤，至不可置辨！蓋史之難如此。

居士宿身了了，自謂明教嵩再來；故於定祖、正宗，大義凜凜，巨綱細目，標識精詳。至其略化迹，而重機緣，合宗乘，而歸淨土，則又善誘曲導，無非融和水乳，吹亮薪傳，俾見性成佛之旨，人人開卷，直下領會！將居士顯化、報恩之願，於是焉畢矣！何至如小師、諍士，橫分正閏，妄劃南北；始以病史而究，爲宗教戈矛哉！

嗟乎！韋昭仗正書，落窖坑；崔浩觸諱，族寃駢覆。至使貞臣、節士，默標張儼之文，私存孫盛之本；木天（木天，指翰林院）金馬（金馬，宦署門也），弆廁盈途！豈如旃檀林邊，可以逍遙撰述；大圓海畔，從無意外風波。人鬼、天龍，俱供筆削；闤城、鹿苑，倚作直廬。如居士之肩史責，誰謂極樂國中，珥毫簪筆，無其位，無其人也。

皇明崇禎歲在甲戌仲秋吉旦　賜進士出身資政大夫太子太保禮部尚書兼翰林院學士掌詹事府事實錄副總裁

董其昌撰

六一　華嚴經綱要序

明·顓愚觀衡

華嚴大經者，乃毗盧遮那佛稱法界量，顯現自性因果、本妙莊嚴、究竟圓頓、總持法門也。文豐義富，事渺宗玄；要而收之，不出四法界而已！蓋四法界者：

一、理法界：此界也，以真性法中，本無生佛名言，豈有自他影像！世出世法，染淨因緣，當體全空，究竟清淨，不可思議。是謂理法界也。

二、事法界：斯界也——即理法界，至虛而靈，淨極而妙，不動本然，循業發現，頓變相、見二分，幻開迷悟兩途。情與非情，聖凡依正，熾然同異，究竟所有，不可思議。是謂事法界也。

三、理事無礙法界：是界也，即理外無事，事外無理。理不拒事，縛脫歷然；事不拒理，生滅寂爾。波濤萬殊，而全彰水體；水性一味，而偏示波瀾。空有並施，性相不二，不可思議。是謂理事無礙法界也。

四、事事無礙法界：茲界也，合上三界，圓入一真。理事既不相違，彼此自是無礙。以事入理，理無盡而事事無盡；以理收事，理無殊而事事無殊。舉一念而三界圓明，吹一毛而十方炳現。正中有依，一毛孔中有無量無邊世界；依中有正，一微塵裡有無窮無盡如來。一多互融，延促自在，不可思議。是謂事事無礙法界也。

是則世出世間，色心諸法，不出此四種法界。又此四界，唯是一心；離心之外，無法可言。此心亦是強名，不可言議，不可思議，即一真大法界也！如來證此法界性，示此法界相，廣此法界量，放此法界光，攝此法界機，彰此法界會，盡此法界理，演此法界經。

是經一名，而有三部。品偈既廣，卷數勝多，人間難於祕藏，龍宮久為密護。像法住世，龍樹大師，博盡世間琅琊，因搜海中寶藏，逢斯妙典無上真乘！慨大法不聞，何以見自心現量；圓宗未會，豈能開法性光明？注神淵記，得下部之始終，竭力宣揚，廣上根之知見。初流布於于闐，次傳演於支那。自經出興，無論餘國，但此方禪教師將、緇素明賢，發無礙辨才，得無師智慧，雄機大用，豎論橫談，生死涅槃自在無畏，立在毗盧頂上，超於威音劫前，從古至今算數莫計，豈非皆從此經法化而出耶！或在諸餘經典，及師友因緣，一念相應，得見自性，亦須從此經印證，方能弘自性圓通。所以古人云：「無不出乎此法界，無不還歸此法界。」斯之謂歟！今古從此經，得大受用，得大自在，不可不知此經之所出耶，不可不知龍樹大師之所與也。

是經疏論，代有當家，唯清涼大師，獨超越諸作。體法界觀，開合此經。實文殊之應身，乃毗盧之徧照。以六相、十玄，發其幽旨；以五周、四分，收其全文。分章剔義，若朗月之照晴空；逐句揭宗，猶海印之現乾象。義無不備，事無不周。是疏鈔與經，可謂君臣道合也。……

今之學者，多識心淺近，因視古之疏論，謂智境支離。又則此時狹劣慢習，日滋日深，輕淺狂見，時染時厚，即於本經，多望涯而返，豈獨古疏厭繁不尋？復有弄機緣作究竟宗乘，鄙藏教爲糟粕文字，每掉頭弗顧，掩耳不聞——何乃逐末忘本，認派迷源！顚倒至斯，何因啓悟；邪風狂扇，一期難回！我憨山先師乘法界大願，示生此際，痛惜時蔽，注意大經，遊心古疏，提綱挈要，斷義分文，不三年，而全經大旨，首尾昭然。即一座而疏有未發，復爲補出。收羣詮于指掌，窺法界于毫端，一性圓明，百無覆蓋。俾學者或因綱要以博疏鈔，又因疏以入經，因經以見性。使狹劣之習漸近而漸遠，廣大之境愈入而愈深。此綱要之所以作也！是清涼大師爲本經之勳臣，我憨山先師又爲疏鈔之導師也……由是罄此微言，用以嗚後云

爾。時

崇禎丁丑歲四月佛誕日嗣法門人觀衡　焚香題于五乳峯法雲禪寺之方丈

六二　首楞嚴經四依解序

明・顓愚觀衡

夫首楞嚴者，乃人人日用能見、能聞、能覺、能知之自性也！蓋此性即是常住真心，一真法界，聖凡不二，物我同源。如是廣大圓明妙性，而衆生用之能見、能聞、能覺、能知，而不識知廣大圓明。實自狹、自小、自私、自昧，可謂日用而不知也！〈圓覺序〉云：「終日圓覺，而未嘗圓覺者，凡夫也。」斯之謂歟！

原此，見聞知覺常住真心，照而常寂，名爲奢摩他，而世出世間一切諸法皆非；即空如來藏。又此常住真心，寂而常照，名爲三摩提，而世出世間一切諸法皆即；即不空如來藏。又此常住真心，寂照不二，名爲禪那，而世出世間一切諸法離即離非、是即非即；即空不空如來藏。是則三藏本乎一心，三觀原無二體，究竟常住，無壞無雜，故名《首楞嚴》。苟能于此見聞覺知薦得常住真心，性淨明體，而首楞嚴大定備在我而不在於經也！若然者，心外無法，法外無心；舉心則念念真詮，觀經則字字本性；豈容心、法、能、所對待之分哉。

孰能達此，又不唯一經之文義，不屬於他，盛哉！盡眼之所見、耳之所聞、鼻之所嗅、舌之所嘗、身之所覺、意之所知，盡於虛空，徧於法界，塵塵刹刹，事事法法，亦不出此見聞覺知、六湛圓明之外。是則十方世界，乃吾見聞覺知之性量；十方諸佛，乃吾見聞覺知之心光。諸佛於衆生心中，轉大法輪；衆生於諸佛光中，聞第一義。斯則一爲無量，無量爲一；小中現大，大中現小；不動道場徧十方界，身含十方無盡虛空；於一毛端現寶王刹，坐微塵裡轉大法輪。如是妙用，衆生日用個個圓成，豈唯諸佛獨能哉！

若爾，廣大性量，廣大真用，即此日用見聞覺知；而不知不覺，不能廣大真實受用，孰之過歟？經云：「汝復欲知，無始無明，使汝輪轉生死結根，唯汝六根，更非他物。汝復欲知，無上菩提，令汝速證安樂、解脫、寂淨、妙常，亦汝六根，更非他物。」知此，離吾見聞覺知，別無片事可得！豈非十方世界囫囫圇圇是一輪見聞覺知、妙真如性耶！第衆生日用不知，勞我覺皇出現於世，將錯就錯，從迷指迷，將此見聞覺知分作五時名教，總欲生住異滅，復歸一性圓常。

因當機有深淺，故乘時有先後。至於斯經也，開三乘之區宇，統五教之宏綱，權實並融，性相俱徹！

初標常住真心，分別爲二種根本；後明二決定義，究竟歸常住真心。其究妄也，即處即體以推心，心非本心；若同若別以分見，見亦非見。其究真也，無內無外以示圓，圓自何圓；不動不變以顯常，常如所常。或舉拳，或垂手，滿盤托放阿難目前；或交光，或灌頂，親手撥在大衆口裡。或剖剝於物象，或直指於見精。非因緣，非自然，非和合，非不和合，掃除戲論，而妄想自空；曰清淨，曰本然，曰周徧，曰不動搖，但不分別而實相全露。發揮三種藏性，細釋深妙疑惑，以應妙奢摩他之請；詳明二決定義，繼選耳根圓通，以滿最初方便之酬。復示壇儀法行，以爲末世攝心；重宣祕密伽陀，以作當來護念。見聞之真宅既悟，莊嚴之妙門已知，借路還家，由因達果。立三漸次，滅二倒因，翻十二類生日用不知之沈習，成十二聖位稱性圓明之妙覺。當機舉果求因，問答事訖；世尊依因示果，修證義周。隨請真詮之名，便示了義之目。阿難末問七趣情、想之昇降；如來自說五陰迷、悟之淺深。總是日用不知，未全道力。是知一經所示、所說大意，不出當機所恨、所請！二關精研，所恨未全道力之致，使盡日用不知之愚；發明所請，得成菩薩之因，便克自性圓明之妙。全經之旨，旨盡于斯。

要其如來種種方便，費盡多少婆心，不過指示人人日用見聞覺知，就是如來成佛真體！如能極盡擔當，不唯當下與諸佛把手共行，便能高跳毗盧頂顊上去也。可不快哉！可不快哉！

是經自唐譯已還，千有餘載，傳疏相繼二十餘家，犁文搜義，曲盡幽微，究妄研真，了無滯礙。大觀諸疏，似乎白日之下，弗藉剔燈；細閱本經，實矣太虛之中，不勞施點。何乃：自見未圓，不能如龍游空，超超於文義之外；鈍根不猛，偏好猶蟲注木，曲曲于字句之中。茲不揣沈冥，妄作分釋，自知不免聚笑於大方之口，且圖取快於偏陋之心。知我、罪我，我心一如；是我、非我，各有高見。衡不敢强知焉。

開章分門，不越古式；節文發義，唯依本經。故以四依名之。

六三　善惡十界業道品（節編）

明・蕅益智旭

上品十惡

若念念之間，計著我人，專為名利，益己損他，不思反復（報恩）。身口意業，純隨妄習，不信三寶，毀諸事戒，錯誤因果，殺害所尊。是名地獄業道。

中品十惡

若念念之間，計著我人，專恣情欲，不知慚愧，盲無所曉，痴暗昏愚，多諸怨結。是名畜生業道。

下品十惡

若念念之間，計著我人，慳貪嫉妬，不知植福，但積罪根。是名餓鬼業道。

下品十善

若念念之間，存諂誑心，無質直意，外施仁義，內計我人，種種所作，情存勝負。是名修羅業道。

中品十善

若念念之間，畏我墮苦，節制五欲，秉心歸、戒，希求後有，是名人趣業道。

有漏上品十善

若念念之間，願我未來，恒受勝樂，廣作眾福，制止諸罪。乃至攝善入禪，訶色入空。是名天趣業道。

無漏上品十善

若念念之間，觀察三界苦、空、無常、無我。依四念處，深信緣起，永斷希求後有之心，唯志寂滅無為之樂。是名二乘（兼攝聲聞）業道。

亦漏無漏上品十善

若念念之間，緣於苦、集二諦而起大悲，緣於道、滅二諦而起大慈；深觀我、法二空，愍物昏迷，種種方便令其覺悟。徧十方界，無有分劑，盡未來時，無有疲厭。不求恩報，不圖名稱，不冀他知，不見能所。是名菩薩業道。

非漏非無漏上上品十善

若念念之間，觀於諸法實相，即權而實，理事平等；即實而權，千如差別。寂而常用，萬行雲興；用而常寂，一際無際。不作一想，不作一切想；而能了知一即一切，一切即一。微塵剎土，不隔毫端；十世古今，不離當念。身徧十方，而無合散；智入三世，而無往來。是名佛界業道。

六四　賢首五教儀序

清・灌頂續法

孔子不可無思孟，老子不可無莊周，釋尊不可無慶喜；爲道之須傳也。南嶽不可無智者，戒賢不可無玄奘，達摩不可無慧可；爲教之須人也。又智者不可無章安，玄奘不可無慈恩，慧可不可無僧璨；爲其授受有源而不竭、奕葉相承而無盡也。

迨於賢首大師，何獨不然！

以言乎師，則有杜順、雲華開其先；以言乎資，則有清涼、圭峯紹其後。

其立教也，有始、有終、有頓、有圓。斷則斷其厚薄；證則正其淺深；位則品其高下；行則定其遠近；顯法相，若然燭之朗明；揀機益，比析薪之分剖。

其判宗也，有小、有大、有性、有相。相則妄相爲相；空則真空亦空；頓則無所不絕、似影離於天日；圓則無所不融、如像含於海空。

其分時也，有先、有後、有別、有通。非先，無以知其爲開漸之頓；非後，無以知其爲攝末之本；非別，無以見說法之次第；非通，無以見教理之圓融。

其敍儀也，有本、有末、有顯、有密。非本，無以了一乘之頓、實；非末，無以識三乘之權、漸；非顯，無以決擇其一定；非密，無以測度其不定。

其明觀也，有方便、有因緣、有對法、有觀門、有六相、有十玄。非方便，無以辯修證；非因緣，無以明德用；非對法，無以解無盡；非觀門，無以入法界；非六相，無以顯圓通；非十玄，無以彰無礙。何者？凡夫見色爲實色，見空爲斷空，故開真空絕相門，使之觀色非實色，舉體是真空；觀空非斷空，舉體是幻色。如是於理則見矣，於事猶未也：復開理事無礙門，使觀不可分之理，皆圓攝於一塵；本分限之事，亦通遍於法界。如是以理望事則可矣，以事望事猶未也：又開周遍含容門，使觀全事之理，隨事而一一可見；全理之事，隨理而一一可融。然後一多無礙，大小相含，則隱顯施爲，神用不測矣！

教觀既周，時儀已備，則判釋諸佛說法儀式至矣、盡矣、無復加矣！以此自修，無法不通；以此教他，無機不被。是以三帝歸崇，兩朝悅服；李長者論讚於前，崔學士傳美於後。至於海內海外莫不揚其化，天上天下靡不仰其徽；質諸千古以上之聖賢而無訛，俟諸百世以下之俊傑而不惑。遂令法門隆盛，代有哲人：長水流布於東吳，蒼山崛起於西蜀，雲棲敷演於南海，交光發明於北嶺。猗歟休哉！

奈何，今義學家，不得其門而入，見其教部廣大，意旨幽深——即如賢首大師著述凡有一百餘卷，清涼國師現流傳者約有四百餘卷，圭峯大師疏註總有九十餘卷。浮狂者詆爲葛藤，愚鈍者視爲砂石；誰復能探其微、窺其奥哉！

幸我乳峯得水大師，自弘法以來，朝夕提撕，時爲演唱；特未布諸方策，普令一切見聞耳！續法雖忝輪下，性極顓蒙，晝夜參隨，日漸薫熟。竊謂：此皆賢家所傳心法，若不傳於後葉，在己則有吝法之愆，在他安得正眼之益！爰將先師常所樂説錄之，復尋諸大部中所切要者集之，十餘年間，考閱再三，窮思至四，始成六卷：名之曰《五教儀》。庶得華嚴宗旨，彌播於塵寰；法界心印，重光於昔日：燈燈相續，化化無窮矣。

謹述顛末，冀見此衷。至於知我、罪我，所不暇計焉。時

康熙十四年歲次乙卯秋仲望日　古杭慈雲灌頂行者　續法題

六五　毗尼日用切要香乳記序

清・灌頂續法

沙界衆生，種類千差，諸佛出世，說法萬別；約略言之，經、律、論而已矣。經者詮定，律者詮戒，論者詮慧；戒定慧三，爲六度之綱領，萬行之根本也。摩竭提國，談佛刹海，稱之爲經；伽耶城邊，與諸菩薩，問答業報種種因緣，稱之爲論；菩提樹下，初結菩薩波羅提木叉，稱之爲律。此即佛說大乘三藏也。波羅奈，爲五人說修多羅；羅閱祇，爲須提那說毗尼；毗舍離獼猴池，爲跋耆子說阿毗曇。此即佛說小乘三藏也。經、論通五人；律唯佛說，降佛已還，雖文殊、波離，不敢增減一字。如禮、樂、征伐，自天子出，諸侯、大夫莫能專制者也。及佛滅後，摩訶迦葉將諸羅漢，在耆闍崛山中集三藏。文殊、彌勒諸大薩埵，將阿難集摩訶衍（大乘）。故清涼云：《華嚴》、《般若》等，爲大乘經藏；《菩薩戒》、《善戒經》爲律；《瑜伽》、《智度》等爲論。小乘《四阿含》等爲經；《五部律》爲戒；《婆娑》等爲論。世間衆生，禀此三法修持，依教觀心者，名爲增上心學；遵律持身者，名爲增上戒學；憑論悅口者，名爲增上慧學。三無漏學成立，大小乘果，無不得證也。

是以佛在世時，有持修多羅比丘，持毗尼比丘，持摩多羅比丘。如來滅後，亦有禪、教、律三宗之區別也。迨夫漢明遺求，騰、蘭傳法，迄至曹魏之初，僧徒甚衆，未稟歸、戒，止以剪髮殊俗。後有曇摩迦羅，誦諸部毗尼，立羯磨授具，準用十師，中夏戒律始也。姚秦．羅什譯《十誦律》，與《梵網戒本》；佛陀耶舍，共竺佛念，譯《四分律藏》；劉宋．罽賓沙門佛陀什，譯《五分律》。梁．僧祐律師，大闡毗尼。唐．南山宣律師，作《戒疏》、《羯磨疏》、《事鈔》，弘《四分律》：由此赫奕天下，謂之行事防非止惡宗。晉、魏、陳、隋之際，斯爲盛矣。宋仁宗嘉祐間，開元允堪律師，作《會正記》。靈芝照律師，述《資持記》。元、明以來，律宗罔聞。幸今華山見月老和尚，力弘戒學，出止作二持、黑白布薩、傳戒正範，行羯磨，定安居：興絕舉廢，光前裕後，獨步大方，莫過於師矣。

昭慶宜潔大師，稟授良深，丕揚妙海宗猷，箋釋毗尼切要，名曰《香乳記》。宗說雙通，事理並暢，誠末世之光明幢，法門中之優鉢羅也。昔我康藏賢首（法藏）和尚，以《淨行品》別行，宣城圭師（圭峯宗密），集爲苦海浮囊。今述《香乳記》，欲契法界衆生，共入毗盧性海，取觀音大悲手乳，芬芳無盡也。其善繼之功，豈曰小補哉！

余詳此源，以告來學，作一策發何如。時

康熙丁丑年仲春花朝驚蟄節旦　浙水慈雲灌頂行者續法槃譚

六六　六道集述言

清‧在犙弘贊

夫三界定位，六道區分，皆由最初一念識心倏起，而妄想結成有漏之因，故有三世循環，十二緣生。托質則形分麁細，感報則苦樂殊途。三界六道，莫非生滅，人間天上，誠爲苦本。是故智人啟悟，妙契無生，頓超三有，踐履十地。息生死之源，處無爲之邦，逈脫輪迴，長辭苦趣。此集之由作也！冀諸智者，知三界之無恒，識六趣之非久，標志上乘，希求出世。遠劫火之燒然，免淪墜之沈溺。達今生所受之果，仍酬往昔之因。果復造因，因移果熟，輪轉六道，往還三界：所謂欲、色、無色界也。

下極金剛際，上至他化天，中間六趣雜處，一切有情，未離貪欲，故名欲界。自梵衆天，上至色究竟天，此一十八天，雖離欲染，尚有色質，正報身相，如白銀色，依報宮殿，真金赤色，身光互照，故名色界。自空處天，至非非想天，人同碧落，界若虛空，四蘊成身，無色蘊故，故名無色。如斯三界，亦名三有。以其因屬有漏，果係有爲，有生有死故也。

言六道者，亦名六趣。趣者，名到！謂彼所作善惡業因，道能運到其所趣處，故名爲趣。又趣者，是歸向義；謂所造之業，歸向人、天、修羅、鬼、畜、地獄之處。

此之界、處，既由識心結成情、器世間，若達心源，情、器俱殞，悟本真常，生死斯絕。生死、真常，元無二路，祇在當人一念。一念不生，三界六道，無投足處矣！

康熙己未自恣日　寶象林沙門弘贊識

六七　大清重刊藏經序

清世宗

粵自西漢伊存（大月氏人）口授佛陀經典於大月氏王使者，而震旦教始萌芽；其後攝摩騰、竺法蘭隨漢明帝求經使臣蔡愔等至洛陽，而四十二章等經，乃緘於蘭台石室。魏、晉而降，大德迭興，翻譯通明，中西不隔。達摩西來，演暢宗風，不立文字之的旨既昭，而文字於以掀天揭地！

至隋大業間，智果於東都內道場撰諸經目，分別條貫，以佛所說經爲三部，一曰大乘，二曰小乘，三曰雜經。其餘似後人假托者，別爲一部，謂之疑經。又有菩薩，及諸深解奧義、贊明勝諦者，同論及戒律，並有大、小及中三部之別。而佛經已多於六經數十百倍矣！

唐奘法師出，能博涉經論，謂譯者多所訛謬，乃躬往西域，廣求異本，以參驗之。周流三竺，十有七年。唐太宗詔將所得梵本六百五十七部，與房、喬等，集諸碩學沙門翻譯，定爲經、律、論三藏。

自唐、宋以來，本朝雖代有增益，而其宏規大略，則無改於唐之舊也！明永樂間，刊板京師，是爲梵本北藏；又有民間私刊書，本板在浙江嘉興府，謂之南藏。朕勅幾之暇，游泳梵林，濃薰般若，因閱華嚴，知卷帙字句之間，已失其舊。爰命義學，詳悉推究，訛舛益出。乃知北藏板本，刻於明代者，未經精校，不足據依。夫以帝王之力，劮（同勒）成官本，猶乃如是，則民間南藏益可知已。

爰集宗教兼通之沙門，在京師賢良寺，官結伊蒲，曉夜校閱，鳩工重刊。欲俾震旦所有三藏，不至簡錯、字譌，疑人耳目。又歷代名僧所著義疏，及機緣語錄，各就其時所崇信者，陸續入藏。未經明眼辨別淄澠，今亦不無删汰；俾歸嚴淨。

夫、無邊契經海，皆以一音演出！豎窮三際，橫亙十方。且立一，是名不可得，而何況於非！然既涉音義文字，則如來固善能分別諸相也；雖一字一句，皆有正僞，不可以混！猶夫中乘，皆以大乘爲之綱骨，四十九年所說，無非大乘；智果簡出小乘，別安名字，未爲得也。而在小乘中，則一語一默，一進一止，皆有佛勅——又爰可以悖歟？然則斯刻也，別異歸同，簡訛從正，未必無小補云爾。是爲序。

雍正十三年二月初一

六八　大乘止觀序

清・單照

錢唐胡子浸雲，問於華藏單子曰：「何謂道？」單子曰：「性是也。」胡子疑焉，曰：「修可廢歟？」單子曰：「在璞之玉，匪剖弗見；在鑛之金，匪鍊弗純；在纏之性，匪修弗顯。必曰性也而可以廢修也，彼芸芸者孰無性耶？」

於是，以靈峯老人所註南嶽《大乘止觀》，授於胡子，而告之曰：「修道之要，盡於《大乘止觀》一書；而《大乘止觀》之要，盡於轉無塵智之一言！

何也？心也者，萬法之體也！《華嚴》云：『三界無別法，惟是一心作。』《首楞嚴》云：『諸法所生，惟心所現，一切因果，世界微塵，因心成體。』彼凡夫不了惟心之義，而為六塵所縛，則六塵，塵也；聲聞不了唯心之義，而為四諦所縛，則四諦亦塵也；緣覺不了唯心之義，而為十二因緣所縛，則十二因緣亦塵也；菩薩不了惟心之義，而為六度所縛，則六度亦塵也。不寧惟是，昔有僧問先德曰：『撥塵見佛時如何？』曰：『佛即是塵。』由是觀之，若心外見有纖毫之法，無論若凡若聖，皆塵也。而抑知夫即心是塵，即塵是心也哉！緣論云：『更無心外法，能與心爲緣，悉從自心生，還與心爲相。』良以世出世間諸法，唯是一心，苟於此諦了而不疑，則取捨情忘，馳求心歇，而無塵之智轉矣！

今之時，慕道者如牛羊，明道者如麟角。執性而廢修者，恪守無爲；執修而廢性者，罔知本妙。加以游談不根之徒，目不睹三藏之靈文，耳不聞五宗之玄旨，儼爲人師，如盲導瞽。余雖辭而闢之，其如一傅衆咻，法談智燈，危若一線！

誠能流布是書，俾知夫、寂照者，性之體也；止觀者，性之用也。由寂故而起於止，而即以止合乎寂；由照故而起於觀，而即以觀合乎照。是則全性起修，全修是性，圓悟圓修之道，莫詳於此。然而以少方便，疾得菩提，則曰轉無塵智而已矣！

是故，修道之要，盡於《大乘止觀》一書，而《大乘止觀》之要盡於轉無塵智之一言也！」

胡子忻然，與其仲弟用和、季弟濟之，并吳子寶林，邵子南厓昆季，姚子三摩，謀而付諸梓，而乞余言弁其首。爰述胡子相往復之語，而爲之序。

乾隆五十四年歲次己酉仲冬之吉　富春華藏居士單照謹撰

六九　庚申同戒錄序

清・冶開清鎔

無爲之法，不出有爲；無相之體，不離有相。絕有而遁無，則爲二乘，爲外道；背無而徇有，則爲凡夫，爲惡趣。遁無之失，捨正趨偏，其弊在學之未善；徇有之害，積迷成妄，其心固未嘗知學也。今以未嘗知學之人，而驟語以至道，非就其平日污染習行而不察者，防止其流蕩，消融其執滯，使之念念回光，返躬自省，將何以發其本明乎！此釋尊垂教，所以獨崇戒法，徹始徹終，不容踰越！自樹下成道，乃至涅槃會上，悲憫未來，終不外扶律談常，以波羅提木叉，囑累後學。

誠以：高談心性，易入虛玄！增上慢人，或且未得謂得，未證謂證，驪珠、魚目，真贋難分。惟戒律嚴淨，儀軌有常，行履昭然，非關口說，雖一言一動之微，一飲一食之頃，無不絕其矯誣，杜其浮炫，使之行持純篤，體認根源。然後知尋常日用步步歸真，運水搬柴無非妙用。至此則不見有爲可厭，不見無爲可求，性海圓融，本無彼此；當下行住坐臥，萬行具足，即事法界。當下一心寂滅，不涉諸緣，即理法界。當下一心寂滅而森然萬行，當下森然萬行而消歸一心，即理事無礙法界。當下行則非住，坐則非臥：行中了無住相，而住時自住，住中了無行相，而行時自行；坐中了無臥相，而臥時自臥，臥中了無坐相，而坐時自坐。全體互現，各自圓成！即事事無礙法界。

復次，菩薩應化不出六度。戒之本體，是爲尸羅波羅蜜；戒則行慈，是爲檀那波羅蜜；戒則無諍，是爲羼提波羅蜜；戒則不怠，是爲毗梨耶波羅蜜；戒則生定，是爲禪那波羅蜜；戒定則慧，是爲般若波羅蜜。夫以佛子始入法門，即該攝六度萬行，無剩無欠，是故諸佛出世，咸所尊崇。即在禪宗，一法不立，亦必戒爲依歸。是知捨日用萬法而外，別無所謂一法不立也。

吾天寧，自唐、牛頭融禪師開山，累代宗傳，十方參證，大抵以律輔禪，垂爲家法。最近自清初大曉徹祖而下，我恒贊如祖、雪巖潔祖，皆兩次開壇說戒。而律宗泰斗，如見月體祖，亦親蒞行化。香雪潤祖，且住持此間。一時門庭震鑠宇內。自咸豐庚申，寺毀於兵，荊榛瓦礫，香火闃如。同治初元，先法師定念老人，赤手中興，與牧溪來公、蘊堂厚公、雨春實公、淳一湊公，主伴協力，重建基礎。鎔從法兄善淨如公之次，被推繼席，勉紹先志，殿宇堂寮，次第興築。而有乾宗公、高朗月公，盡力贊助；法姪顯泉，法徒顯徹，先後輔行。內外規制，漸復舊觀。

轉眼滄桑，迭爲興廢，撫今慨昔，恍如幻影夢痕！邑中長者居士，以干戈歷劫，甲子一週，函請賡續前規，傳授戒法，上爲諸佛成道種子，下爲殉難亡靈薦福，同體大悲，甚爲希有。今既乘此勝因，得與諸上座，同會一處。伏願依法修持，頭頭薦取；由有爲以契無爲，不動步而頓入大光明藏。庶不負檀越深心，成一期結集爾。

御臨蘇軾帖（清・乾隆皇帝，西元一七二～一七九九年）

或謂居士吾當往端谿可為公購硯居士曰吾兩手其一解寫字而有三硯何以為為曰以備損壞居士曰吾手或先硯壞曰真手不壞居士曰真硯不損

御臨東坡

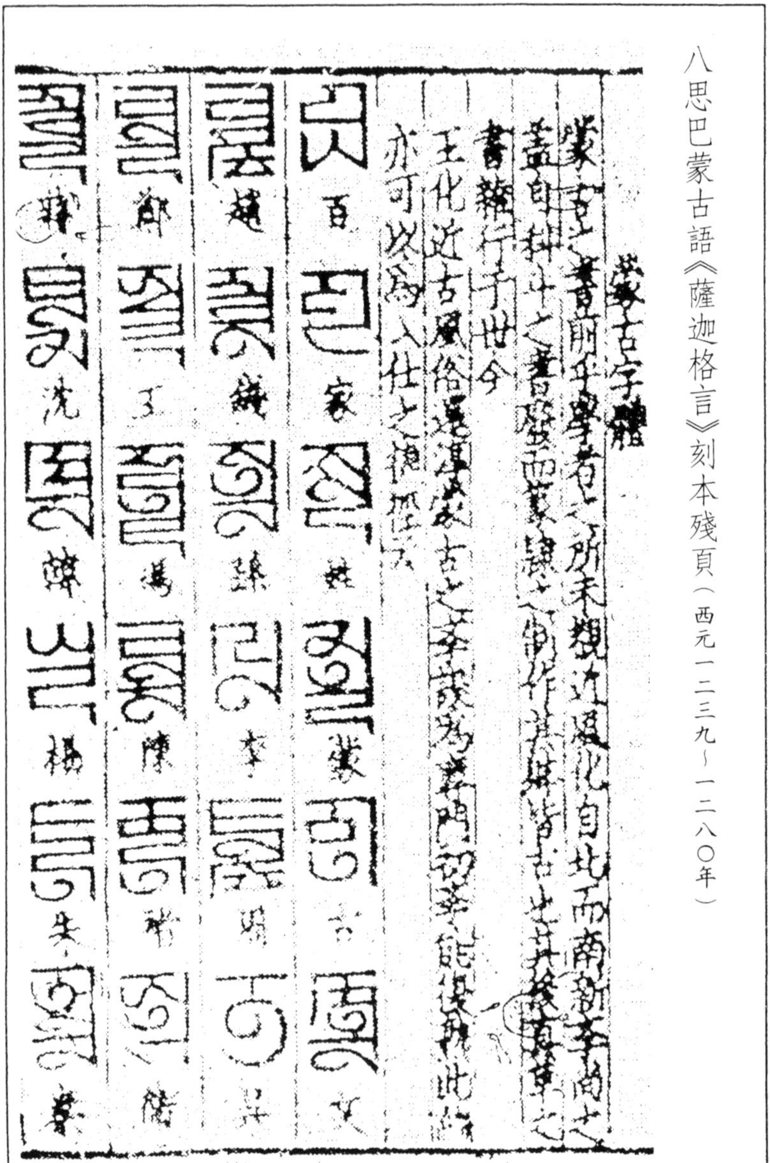

八思巴蒙古語《薩迦格言》刻本殘頁（西元一二三九～一二八〇年）

七〇　華嚴法性偈

朝鮮・釋義相

法（事法界）性（理法界）圓融無二相，諸法不動本來寂。
無名無相絕一切，證智所知非餘境。
真性甚深極微妙，不守自性隨緣成。
一中一切多中一，一即一切多即一。
一微塵中含十方，一切塵中亦如是。
無量遠劫即一念，一念即是無量劫。
九世（三世各具三世）十世（現在一念為第十世）互相即，（圓融十世，皆具一念中，故互相即）仍不雜亂隔別成。
初發心時便正覺，生死涅槃常共和。
理事冥然無分別，十佛普賢大人境。
能仁海印三昧中，翻出如意不思議。（依定說教也）

雨寶益生滿虛空（化徧十方也），眾生隨器得利益。

是故行者還本際，叵息妄想必不得。

無緣善巧捉如意（以真如性緣起之無緣，捉出家中無相之如意，是名善巧。其善巧本非伎倆），

歸家隨分得資糧。

以陀羅尼（此云總持）無盡寶，莊嚴法界實（本來具足，本來圓成）寶殿。

窮坐實際中道床，舊來不動名為佛。

七一　地藏菩薩本願經科註序

日本・高泉性潡

一月普現一切水，一切水月一月攝。此言聞者故多，而知者或寡。苟知之，則知地藏菩薩以一身現多身，而多身復一身：初無所作。又經歷無量無邊佛剎微塵數劫，不間一剎那；於一剎那，經歷無量無邊佛剎微塵數劫：曾無有異。如是，則天堂、地獄、諸佛、衆生、苦樂、逆順、好醜，如：谷響、鏡華。覓其形相，了不可得！故曰：「度盡衆生，實無度者。」

雖然，其奈六極之類，爲無明絹所覆，未出三界，不免妄嬰諸苦。繇是菩薩乘夙願轂，以種種方便而救度之，使其離苦得樂，以至無上菩提而後已。於戲！此菩薩大慈、大悲、大孝、大願、大威神力，悉不思議。假使以虛空爲口，雷霆爲舌，盡塵沙劫，讚嘆其無量功德海中一滴之相，猶不能盡，況區區筆墨乎！

龍飛戊辰秋，崎陽大德真常公，攜浙中運遐乘法師新編《地藏經科註》，將欲梓行，來謁予序。蓋以常公爲法檀度，恆與四部衆，演說是經意有在也。予輒然沈啓讀，嘆未曾有！乃知運法師孝德道力，精進勇猛，越乎倫類，而且具般若智，獲無礙辯，得非當代教門之領袖，與資生利物，莫越於斯；鍥而傳諸，不可後矣。時

貞亨五年無射月朔日　支那嗣祖沙門高泉性潡敬題於佛國方丈

七二　續一切經音義自序

遼・釋希麟

蓋聞：殘純樸而薄道德，仁義漸開；廢結繩而定蓍龜，文字乃作。仰觀玄象，俯視成形，蒼頡始制於古文，史籀纂成乎大篆。相況歷世，更變隨時，篆與古文，用之小異。逮《周禮》保氏掌國子學，以道教之六書，謂象形、指事、會意、形聲、轉注、假借六者，造字之本。雖蟲篆變體，古今異文，離此六書，並爲謬惑！春秋之末，保氏教廢，秦并海内，丞相李斯，考較籀文，別爲小篆。吏趨省易，變體稍訛，程邈改文，謂之隸本。漢興書學，楊雄作《訓纂》八十九章，班固加十三章，羣書用字略備。後漢許慎，集古文、籀、篆諸家之學，出目錄五百四十篇，就隸爲訓注，作《說文解字》。時蔡伯喈，亦以滅學之後，請刊定五經備體，刻石立於太學之門，謂之《石經》。仍有呂忱，作《字林》五篇，以補許、蔡之漏略。

洎有唐立說文、石經、字林之學。至大曆中，命孝廉生顏傳經，國子司業張參等，刊定五經文字正體。復有：《字統》、《字鏡》、《陸氏釋文》、《張戩考聲》，《韻譜》、《韻英》、《韻集》、《韻略》。述作既衆，增損互存，並乃傍通三史，證據九經，若斯文而有旨，即彼義以無差。音義之興，其來有自。

況乎：釋尊之教也，四含（四阿含）妙典，談有相於權門；八部（八部般若）真宗，顯無爲於實際。真俗雙舉，唐梵兩該。借以聲名、句文爲能詮，表以菩提、涅槃爲所證。演從印度，譯布支那，前後翻傳，古今抄寫。論梵聲，則有一文兩用，誤上、去於十二音中；數字同歸，疑體、業於八轉聲内。考畫點，乃祇如棪（以冉切）、掞（舒贍切）亂於手木；帳、悵雜於心巾；𢓭（都奚切）、伭（直尼切）著彳著人；祼（古玩切）、裸（胡瓦切）從衣從示；謟（吐刀切）、諂（丑冉切）不分舀、臽；壯、牡罔辨牛、爿（疾良切）；少斫昧於戍、哉，無點虧於寫、富。如斯之類，謬誤實繁，若不討詳，漸乖大義。

故唐初，有沙門玄應者，獨運先覺，天縱生知，明唐梵異言，識古今奇字，首興厥志，切務披詳。始於古《華嚴經》、終於《順正理論》、撰成《經音義》二十五卷。次有沙門慧苑、撰《新華嚴音義》二卷。復有沙門雲公、撰《涅槃音義》二卷。復有大慈恩寺基法師，撰《法華音訓》一卷。或即未周三藏，或即偏局一經，尋檢闕如，編錄不次。

至唐建中末，有沙門慧琳，内精密教，入於總持之門；外究墨流，研乎文字之粹。印度聲明之妙，支那音韻之玄，既研受於先師，亦泉瀉於後學。棲心二十載，披讀一切經，撰成《音義》總一百卷。依《開元釋教錄》，始從《大般若》，終於《護命法》（《護命放生法》），所音衆經教五千四十八卷，四百八十帙。

自開元錄後，相繼翻傳經論，及拾遺律傳等，從《大乘理趣六波羅密多經》，盡讀《開元釋教錄》，總二百六十六卷、二十五帙。前音未載，今《續》者是也。

伏以抄主無礙大師，天生睿智，神授英聰，總講羣經，編糅章抄，傳燈在念，利物爲心。見音義以未全，慮檢文而有闕，因貽華翰，見命菲才。遣對曦光，輒揚螢燭。然或有解字廣略，釋義淺深，唐梵對翻古今同異，雖依憑據，要俟來英。冀再披詳，庶無惑爾。

附錄一 折疑論白話序

釋惟明

靈明之性，人人本具，親切不過，直下會去，何疑之有！只是衆生爲煩惱纏縛，見惑（不正確見解）、思惑（追求五欲）所迷朦，翳眼生空華，交織成五花八門的世界，在無迷失中，宛然有失！由於根器有別，佛、祖以及歷代高士，不得不在無階級，無言說中，假設方便，循循善誘，使之就路歸家。

佛教傳到中國，由於與傳統習俗不同，思想理論又有差距，因此在宏傳過程中，是經了些曲折！前人在消除隔閡，披釋疑難方面，頗做了些舖路工作，較著名的如東漢末年牟子《理惑論》，以及北宋契嵩《鐔津文集》，張商英《護法論》，均是精闢之作，能消釋部份人士對佛法的誤解。

元朝至正年間，有法師名子成，號妙明，憫世人闇於真理，以其深厚學養，撰就《折疑論》四卷，共二十篇。首以序問，終以會名。逐篇介紹三寶事迹，明析事理，明三教異同，不厭其詳解答世人對佛教的誤解！廣徵博引，靈辯滔滔！之後，又有署名「金台大慈恩寺西域師子比丘」，在每段文下，加上述註，可謂錦上添華，便利學者！《折疑論》不只是一本佛學論述，也是一本很好的國學讀本！

有常緣法師，居山隱修之士，偶然得到該書，閱讀之後，大加讚賞！法師本有利世之心，佛學，國學都有基礎，鑒於今人習慣用白話文，爰發大心，將文言譯成白話文，使更多人得到法益，也是循循善誘，婆心殷切，令人贊嘆！

或有人認爲，現今時代進步，推崇科學，不宜搬傳統老套，要有新意！但，真理無新舊，世間、出世間有分際。東西方文化各有其特徵，東方文化注重內省、直觀；儒、道、釋層層向內推進；苟得其方法，能所兩忘，自能達到覺悟境界，般若現前！西方文化向外拓展，重知識；古希臘文明、基督文化、科學，極盡六根馳逐之能事，雖造就繽紛世界，但末後無歸，不是說斷滅，就是一切歸於「上帝」。總之，東西方文化循正當途徑發展，皆能利益人羣。不宜妄自菲薄！

《折疑論白話》即將出版，常緣法師來函索序，因贅數語於次，甚願讀是書者，因指觀月，皆獲法益，入薩婆若海。（薩婆若，華言一切智）

佛歷二五三五年（西元一九九一）元月二十三日　釋惟明於圓明靜室

附錄二　圭峯宗密禪教觀（附略傳）

釋惟明

終南山圭峯宗密禪師：唐・果州西充人也；俗姓何氏。家本豪盛，少通儒學，冠歲探釋典，年二十七，依遂州圓和尚披剃。復謁荊南忠禪師、洛陽照禪師，以及清涼國師。得禪教要旨。師於禪爲荷澤下第四世，教爲華嚴宗第五祖。學該內外，宗說兼通。自述用功過程：

「捨衆入山習定均慧，前後息慮相計十年。微細習情，起滅彰於靜慧，差別法義，羅列見於空心，虛隙日光纖埃擾擾，清潭水底影像昭昭。豈比夫空守默之癡禪，但尋文之狂慧。」

鎔禪教要義一爐而冶之！造《華嚴》、《圓覺》、《金剛》、《唯識》等經疏，並書、偈、議論多卷，又集諸宗禪語爲禪藏（即《禪源諸詮集》，共一百卷，惜不傳，僅存序）。摧邪顯正，功在法門。

一

圭峯觀當世禪教，互相非毀；又禪宗各派，立旨互異：「有以空爲本；有以知爲源；有云寂默方真；有云行坐皆是；有云見今朝暮分別爲作一切皆妄；有云分別爲作一切皆真；有萬行悉存；有兼佛亦泯；有放任其心；有拘束其心，有以經律爲所依；有以經律爲障道。」

圭峯認爲此種現象，並無矛盾，用工方法不同，目的則無二致：「或空或有，或性或相，悉非邪僻，但緣各皆覺己爲是，斥彼爲非。」因加合會，以如來三種教義，楷定禪宗三種法門：

禪三宗者：

一、息妄修心宗。（南侁、北秀、保唐、宣什等屬之。）

二、泯絕無寄宗。（石頭、牛頭、徑山。）

三、直顯心性宗。（荷澤、江西）

教三種：

一、密意依性說相教。（佛見三界六道悉是真性之相，但是眾生迷性而起，無別自體，故云依性。然根鈍者卒難開悟，故且隨他所見境相說法漸度，故云說相。說未彰顯，故云密意也。此一教包括人天、四諦、法相。）

二、密意破相顯性教。（空宗）
三、顯示真心即性教。（性宗）

教三種，禪三宗，一一配對，由淺至深，總爲如來一代時教。其中由於頓漸法門不同，產生種種不同見解，但畢竟是：「方便多門，歸源無二。」

圭峯又就禪之種類，加以揀別，使學人知所遵循，不落儱侗：

「真性即不垢不淨，凡聖無差；禪則有淺有深，階級殊等，謂：

——帶異計，欣上厭下而修者，是外道禪。

——正信因果，亦以欣厭而修者，是凡夫禪。

——悟我空偏真之理，而修者，是小乘禪。

——悟我、法二空，所顯真理，而修者，是大乘禪。

——若頓悟自心本來清淨，元無煩惱，無漏智性本自具足，此心即佛，畢竟無異：依此而修者，是最上乘禪。亦名如來清淨禪，亦名一行三昧，亦名真如三昧。此是一切三昧根本，若能念念修習，自能漸得百千三昧。達磨門下展轉相傳者，是此禪也。」

圭峯又就《傳燈錄》載：

『（達磨）欲西返天竺，乃命門人曰：時將至矣，汝等盍各言所得乎！時門人道副對曰：如我所見，不執文字，不離文字，而爲道用。師曰：汝得吾皮。尼總持曰：我今所解，如慶喜見阿閦佛國，一見更不再見。師曰：汝得吾肉。道育曰：四大本空，五陰非有，而我見處，無一法可得。師曰：汝得吾骨。最後慧可禮拜後，依位而立，師曰：汝得吾髓。』

就其境界差殊，加以排比：

尼總持得肉：斷煩惱，得菩提。

道育得骨：迷即煩惱，悟即菩提。

慧可得髓：本無煩惱，元是菩提。

此土衆生，對禪似有所偏好，圭峯在《禪源諸詮集都序》中加以解釋：

「教也者，諸佛菩薩所留經論也；禪也者，諸善知識所述句偈也。但佛經開張，羅大千八部之衆；禪偈撮略，就此方一類之機。羅衆則漭蕩難依；就機即指的易用。今之纂集，意在斯焉。」

明乎此，則知是契機問題，毋須爲此起諍論！但如何使禪納入正軌，則是當務之急。

二

圭峯善於譬喻說法，依《起信論》，以夢爲喻，述說生死身之所由來。法、喻並舉，縷述甚詳。本末總有十重，謂：本覺、不覺、念起、見起、境現、執法、執我、煩惱、造業、受報。

一、謂一切衆生，雖皆有本覺真心。（如一富貴人，端正多智，自在宅中住。原注，下同。）

二、未遇善友開示，法爾本來不覺。（如宅中人睡，自不知也。論云：「依本覺故而有不覺也。」）

三、不覺故，法爾念起。（如睡法爾有夢。論云：「依不覺故，生三種相。此是初一。」）

四、念起故，有能見相。（如夢中之想。）

五、以有見故，根身世界妄現。（夢中別見有身在他鄉貧苦，及見種種好惡事境。）

六、不知此等從自念起，執爲定有，名爲法執。（正夢時，法爾必執所見物，為實有也。）

七、執法定故，便見自他之殊，名爲我執。（夢時必認他鄉貧苦身，為己本身。）

八、執此四大爲我身故，法爾貪愛順情諸境，欲以潤我；瞋嫌違情諸境，恐損惱我；愚癡之情，種種計較。（此是三毒。如夢在他鄉，所見違順等事，亦貪瞋也。）

九、由此故，造善惡等業。（夢中或偷奪、打罵；或行恩、布施。）

十、業成難逃：如影響應於形聲，故受六道業繫苦樂相。（如夢因偷奪、打罵，被捉枷禁、決罰；或因行恩，得報舉薦、拜官、署職。）

以上十重，生起次第，血脈連接，行相甚明。但約理觀心而推照，即歷然可見。

另有悟後修證，亦十重，翻妄即真，無別法故。（文略）

圭峯復就迷悟，作總括譬喻：

「如有大官（佛性），夢（迷）在牢獄（三界），身（本識）著枷鎖（貪愛），種種憂苦（一切業報），百計求出（聞法勤修），遇人喚起（善知識也），忽然覺悟（聞法心開），方見自身（法身真我），元在自家（《淨名經》云：「畢竟空寂舍也」），安樂（寂滅為樂）、富貴（體上有恆沙功德也），與諸朝寮都無差別（同諸佛之真性）。」

三

圭峯另在《原人論》中，破斥儒、道的元氣、自然、天命之說，闡述生命起源，世間生起因由。由於發自般若，故無堅不摧，廓清迷雲，予人以正知見。文曰：

（上略，可接前：九、由此故，造善惡等業）或性善者，行施、戒等心神，乘此善業，運於中陰，入母胎中，禀氣受質（會彼所說以氣為本）。氣則頓具四大，漸成諸根；心則頓具四蘊，漸成諸識。十月滿足，生來名人，即我等今者身心是也。故知身心，各有其本，二類和合，方成一人。天、修羅等，大同於此。

然，雖因引業（引業招總報），受得此身，復由滿業（滿業招別報）故∴貴賤、貧富、壽夭、病健、盛衰、苦樂。謂前生敬慢爲因，今感貴賤之果；乃至仁壽，殺夭，施富，慳貧，種種別報，不可具述。是以此身，或有無惡自禍，無善自福，不仁而壽，不殺而夭等者，皆是前生滿業已定，故今世不因所作，自然而然；外學者不知前世，但據目睹，唯執自然。（會彼所說自然為本）

復有前生，少時修善，老而造惡；或少惡老善∴故今世少小富貴而樂，老大貧賤而苦；或少貧苦，老富貴。故外學唯執否泰，由于時運。（會彼所說皆由天命）

然所禀之氣，展轉推本，即混一之元氣也；所起之心，展轉窮源，即真一之靈心也。究實言之，心外的無別法∴元氣亦從心之所變，屬前轉識所現之境，是阿賴耶相分所攝。從初一念業相，分爲心境之二∴心既從細至麤，展轉妄計，乃至造業；境亦從微至著，展轉變起，乃至天地。（即彼始自太易，五重——太易、太初、太始、太素、太極——運轉，乃至太極生兩儀。彼說自然大道，如此說真性，其實但是一念能變見分。

彼云元氣，如此一念初動，其實但是境界之相。）

業既成熟，即從父母，稟受二氣；氣與業識和合，成就人身。據此，則心識所變之境，乃成二分：一分與心識和合成人；一分不與心識和合，即是天地、山河、國邑。三才中唯人靈者，由與心神合也。佛說內四大，與外四大不同，正是此也。

哀哉寡學──異執紛然！寄語道流，欲成佛者，必須明麤細本末，方能棄末歸本，返照心源，麤盡細除，靈性顯現，無法不達，名法、報身；自然應現無窮，名化身佛。

由以上譬喻、說理，仔細推究，則對生死流轉，身心（正報）、宇宙（依報）源由，以及如何轉凡成聖，可得個概略認識。世間上各種學說──包括科學、哲學、宗教，異執紛紜，不出五蘊──色（妄境）、受、想、行、識（妄心），空花結空果，是無法超越的。

四

圭峯在《原人論》中，由淺至深，列舉五教──亦即判教，將如來一代時教，作有系統整理，俾各類根機，依之修行，皆獲法益。文略曰：

一、人天教　佛爲初心人，且說三世業報，善惡因果，令懼三途苦，求人天樂，修施、戒、禪定等一切善行，得生人道、天道，乃至色界、無色界。

二、小乘教　明出世因果：知苦、斷集、慕滅、修道，證我空真如，滅盡累患，得阿羅漢果。諸《阿含》等六百一十八卷經，《婆沙》、《俱舍》等六百九十八卷論，皆唯說此小乘，及前人天因果。

三、大乘法相教　相宗。說我、法但是情識虛妄變起，迷故執有我及諸境。既悟本無我法，唯有心識，依聖教修習，轉識成智，證二空所顯真如。《解深密》等數十本經，《瑜伽》、《唯識》數百卷論，所說理，不出此也。

四、大乘破相教　空宗。破前大小乘法相之執，密顯後真性空寂之理。諸部般若千餘卷經，及《中論》、《百論》、《十二門論》、《廣百論》等三論，廣百論等，皆說此也。龍樹立二種般若：一共，二不共。共者，二乘同聞信解，破二乘法執故。不共者，唯菩薩解，密顯佛性故。

五、一乘顯性教　性宗。開示靈知之心，即是真性，與佛無異。性自清淨，不因斷惑成淨。達磨所傳是此心也。《華嚴》、《密嚴》、《圓覺》、《佛頂》、《勝鬘》、《如來藏》、《法華》、《涅槃》等四十餘部經，《寶性》、《佛性》、《起信》、《十地》、

《法界》、《涅槃》等十五部論，雖或頓或漸不同，據所顯法體，同屬此教。

圭峯指示用工方法：

若有中、下之機，則從淺至深，漸漸誘接。先說初教，令離惡住善，次說二、三，令離染住淨；後談四、五，破相顯性，會權歸實，依實教修，乃至成佛。若上上根智，則從本至末。謂初便依第五，頓指一真心體！心體既顯，自覺一切皆是虛妄，本來空寂：但以迷故，託真而起。須以悟真之智，斷惡修善，息妄歸真，妄盡真圓，是名法身佛。

——具頓、漸二法門！如來禪、祖師禪網羅殆盡！其善說法如此！故相國裴休有贊曰：

世尊為闡教之主，吾師為會教之人。

圭峯講述不輟，勤於誘接，悲心殷切，純出於利他！經云：「菩薩不斷煩惱，唯起大悲。」況師之悲智雙運！故不爲多聞所役，不爲聲利所累。裴休與游最久，相知最深，爲文讚曰：

「禪師以法界為堂奧，教典為庭宇，慈悲為冠蓋，眾生為園林；終日贊述，未嘗以文字為念。」

圭峯多有著述傳世，涵蓋面很廣，《圓覺經略疏》、《原人論》、《禪源諸詮集都序》，均爲精簡之作，爲有識者所寶重。圭峯在後人眼裡，不是無疵議的：如其不能突破傳統對小乘的貶低；以及一些禪者對其「傍教說禪」、「以教證禪」，持有異議。但其對整體佛教來說，是卓有貢獻的。

圭峯於唐武宗會昌元年入寂，閱世六十二，僧臘三十四。裴休爲撰塔銘，述事蹟甚詳。宣宗追謚「定慧禪師」，塔曰：「青蓮」。

國家圖書館出版品預行編目資料

萬法歸心：惟明法師開示語錄. 3 / 惟明法師著. -- 初版. -- 新北市：華夏出版有限公司, 2023.12 面； 公分. --（惟明法師作品集；003） ISBN 978-626-7296-69-1（平裝） 1.CST：佛教說法 2.CST：佛教修持 225.4 112012161

惟明法師作品集 003
萬法歸心：惟明法師開示語錄 3

著　　作　惟明法師
出　　版　華夏出版有限公司
　　　　　220 新北市板橋區縣民大道 3 段 93 巷 30 弄 25 號 1 樓
　　　　　電話：02-32343788　傳真：02-22234544
　　　　　E-mail：pftwsdom@ms7.hinet.net
印　　刷　百通科技股份有限公司
　　　　　電話：02-86926066　傳真：02-86926016
總 經 銷　貿騰發賣股份有限公司
　　　　　新北市 235 中和區立德街 136 號 6 樓
　　　　　電話：02-82275988　傳真：02-82275989
　　　　　網址：www.namode.com
版　　次　2023 年 12 月初版一刷
特　　價　新台幣 360 元（缺頁或破損的書，請寄回更換）

ISBN-13： 978-626-7296-69-1